Was soll ich malen?

Heike und Werner Tenta

Was
soll ich malen?

Zeichnen und Malen
mit Kindern
ab 5 Jahren

FALKEN

Inhalt

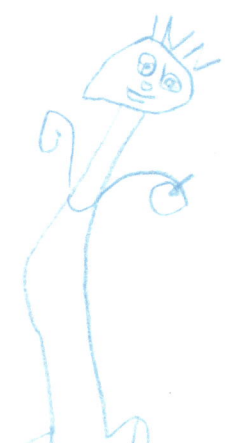

Vorwort

Kinder hinterlassen gern ihre Spuren: Sie kritzeln, zeichnen und malen mit viel Vergnügen und großem Schaffensdrang. Diese Tätigkeiten sind wichtig für ihre gesunde Entwicklung. Natürlich zeichnen und malen Kinder frei und erzählen die Welt aus sich heraus, ohne Vorgaben zu brauchen. Sie wählen sich selbst Themen aus, die sie gerade sehr beschäftigen. Es versteht sich sicher von selbst, dass die Kinder dabei in ihrer Spontaneität keinesfalls durch Aufgabenstellungen von Erwachsenen gestört werden sollten.

Trotzdem ist manchmal ihr Tatendrang gebremst; es fehlt ein Anlass zum Malen und Zeichnen. Obwohl das Kind zum praktischen Tun große Lust hat, kann es sich vielleicht nicht recht entscheiden. Welche Eltern, Großeltern, Erzieher, Lehrer oder andere, die mit Kindern zu tun haben, kennen nicht diese Frage: „Was soll ich malen?" Dann fehlen Ideen, an denen sich das Kind ausprobieren, Neues entdecken kann oder auch der Mut, sich von Vorlagen zu lösen.

Hier setzt dieses Buch an: Viele kleine Geschichten und einige Gedichte zum Vor- und Selberlesen motivieren die Kinder, neue Aufgaben in Angriff zu nehmen. Zusätzlich gibt das Buch Hilfestellungen, Schritt-für-Schritt-Anleitungen und viele Tipps, regt zu-

dem durch die große Bandbreite an vielfältigen Materialien und Techniken (die man den Kindern natürlich dosiert anbietet) zu neuen Experimenten an. Da Kinder in der Regel eigene Ideen verwirklichen, dienen die Geschichten und Vorschläge dieses Buches also nur unterstützend, als Motivation und Impuls.

Von Geschichten fühlen sich Kinder tatsächlich sehr angesprochen. Es entstehen Bilder im Kopf, die das kreative Tun in Gang setzen. Neben den vielen Einzelgeschichten finden Sie in diesem Buch ab Seite 112 sogar eine Fortsetzungsgeschichte, die sich mit verschiedenen Materialien und Techniken bildnerisch ausgestalten lässt. Unser Wunsch wäre es, dass Sie zusammen mit den Kindern eine eigene kleine oder lange Geschichte entwickeln und ein Bilderbuch dazu gestalten! Oder suchen Sie sich einfach eine Geschichte aus diesem Buch aus und erfinden Sie mit den Kindern Ihre eigene Fortsetzung! Sie werden sehen, mit welch großer Begeisterung alle beteiligt sind.

Die gezeigten Bilder sollen übrigens nur Beispiele sein, denn jedes Kind verarbeitet eine Anregung auf eine ganz eigene Weise. Die weiteren Themenvorschläge in allen Kapiteln können Sie den Kindern – mit oder ohne eigene Geschichte – ersatzweise oder

zusätzlich anbieten. Sie lassen sich in der jeweils dort beschriebenen Technik gut umsetzen. Auch die Material- und Technikvorschläge sind nicht zwingend für die jeweiligen Geschichten, hier lässt sich variieren.

Über die Anregungen zum Zeichnen und Malen hinaus erfahren Erwachsene im ersten Teil des Buches Wissenswertes über die Entwicklungsstufen der Kinderzeichnung und können außerdem ihre Grundkenntnisse über Farben und Formen auffrischen. Diese Themen werden jedoch nur knapp angerissen und kompakt gehalten, um dem Praxisteil mehr Raum zu geben. Vertiefende Fachliteratur über diese spannenden Themen finden Sie in Buchhandlungen und Büchereien.

Vielleicht vermissen Sie Angaben zu den geeigneten Altersstufen für die jeweiligen Techniken und Themen? Darauf haben wir bewusst verzichtet. Unsere Erfahrungen zeigen: Diese Angaben schränken zu oft ein. Die Vorschläge dieses Buches können von Kindern ab 5 Jahren aufwärts umgesetzt werden. Vielleicht benötigt das eine oder andere Kind dazu

manchmal eine kleine Hilfestellung. Sie werden aber überrascht sein, wie viele für ältere Kinder gedachte Materialien und Techniken schon von kleineren Künstlern mit Freude angegangen werden. Je nach Lust und Können werden sie unterschiedliche Ergebnisse zum gleichen Thema produzieren, was aber vollkommen in Ordnung und richtig ist.

Alle Vorschläge sind natürlich in der Praxis erprobt und mit Kindern durchgeführt worden. Die kleineren Kinder haben mit den Großen zusammengearbeitet und es war eine Freude zu sehen, wie sie sich gegenseitig geholfen haben – und mit welch großer Begeisterung, mit wie viel Spaß und Elan sie gemalt, gezeichnet und Geschichten erfunden haben! Deswegen gebührt ihnen unser besonderer Dank!

Wir wünschen allen viel Spaß an diesem Buch und hoffen, dass die vorgeschlagenen Themen und die beispielhaften Werke zu eigenen Ideen und weiteren Arbeiten anregen.

Heike und Werner Tenta

MIT KINDERN ZEICHNEN UND MALEN

Zeichnen und Malen bedeutet für Kinder, die Welt zu entdecken. Bildnerische Aktivitäten gehören zu den kindlichen Äußerungsformen und sind von großer Bedeutung für ihre Entwicklung. Mit viel Spaß und Intensität drücken sie beim Zeichnen und Malen eigene Erfahrungen aus, verarbeiten Erlebtes und entfalten ihre kreativen Kräfte.

Diese spontane Schaffensfreude sollte durch falsch verstandene Schönheitsideale, durch zu viele Vorgaben und Vergleiche nicht gehemmt werden. Wer über die Entwicklungsphasen der Kinderzeichnung Bescheid weiß und so genannte „Kinderfehler" einordnen kann, wird die Bilder der Kinder mit anderen Augen sehen und beurteilen.

Deshalb soll ein Einblick in diese Entwicklungsphasen am Anfang dieses ersten Kapitels stehen. Darauf aufbauend folgen praxiserprobte Tipps für die sinnvolle Förderung des bildnerischen Gestaltens. Wichtige Grundbegriffe zu Farbe und Form helfen, bewusster zu sehen und Gesehenes zu benennen – sei es in den Bildern der Kinder selbst, in der Kunst der „Großen" oder einfach in dem, was uns zu Hause und in der Natur umgibt.

Wie sich Kinderzeichnungen entwickeln

Jedes Kind entwickelt sich nach eigenen Gesetzmäßigkeiten, auch beim Zeichnen und Malen. Die verschiedenen Phasen zeigen zwar eine vorhersehbare Abfolge auf, sind jedoch wie bei allen Entwicklungsbereichen des Kindes individuell zu sehen. Vergleiche mit anderen sind unnötig und wirken sich oft hemmend auf die Kreativität aus. Alle hier gezeigten Beispiele können natürlich nur kleine Einblicke in die Entwicklungsphasen und die vielfältigen Ausdrucksmöglichkeiten der Kinder geben.

Das Kleinkind

1

Kinder hinterlassen gerne ihre Spuren, dabei kommt es anfangs nicht auf das Ergebnis an: Die Tätigkeit genügt sich selbst. Auf spielerische Weise wird die unbekannte und faszinierende Welt entdeckt und verstanden. Das Kleinkind lernt außerdem, die eigenen Bewegungen besser wahrzunehmen sowie Auge und Hand zu koordinieren.

Kinderbilder sagen viel über den Wissensstand und die seelische und geistige Entwicklung des Kindes aus. Vor Falschinterpretationen soll jedoch gewarnt werden: Manchmal benutzen Kinder schwarze Farben nur, weil sie momentan Lust dazu haben oder weil das Schwarz in unmittelbarer Nähe griffbereit liegt, und nicht, weil sie in seelischer Not sind.

Werten Sie als Erwachsener die ersten zeichnerischen Betätigungen des Kleinkindes nicht ab. Denn auch die offensichtlich belanglosesten **Kritzeleien** des kleinen Kindes haben eine Bedeutung; es sind gemalte Eindrücke, Gefühle und Erzählungen. In

Abb. 1 stellte der 2-jährige Max tatsächlich „Anna und Max" dar. Solche Kritzeleien sind zur Übung der Feinmotorik sehr wichtig, auch als Voraussetzung für zielgerichtete Bewegungen, die das Kind nach und nach lernen wird.

Die verdichteten Linien und Kreise, man nennt sie auch **Urknäuel**, sind in ihrer Bedeutung offen: Einmal sind sie ein Auto, einmal Mama oder Papa; der Kreis steht als Symbol für alles. Mit Hingabe hat der 2-jährige Max (Abb. 2) mit mehreren Stiften in einer Hand die Punkte auf das Papier geschlagen und seinen Krafteinsatz geübt.

Die Zeichnungen werden **komplexer**, sobald das Kind in der Lage ist, seine Bewegungen besser zu kontrollieren. Es entdeckt den Zusammenhang zwischen Armbewegung und Zeichenspur und versucht, seinen Bewegungsablauf zielgerichtet und bewusst zu steuern. Ein Beispiel dafür ist der erste Brief an Mama, den die 2-jährige Anna mit einem Zackenlinienmuster „geschrieben" hat (Abb. 3).

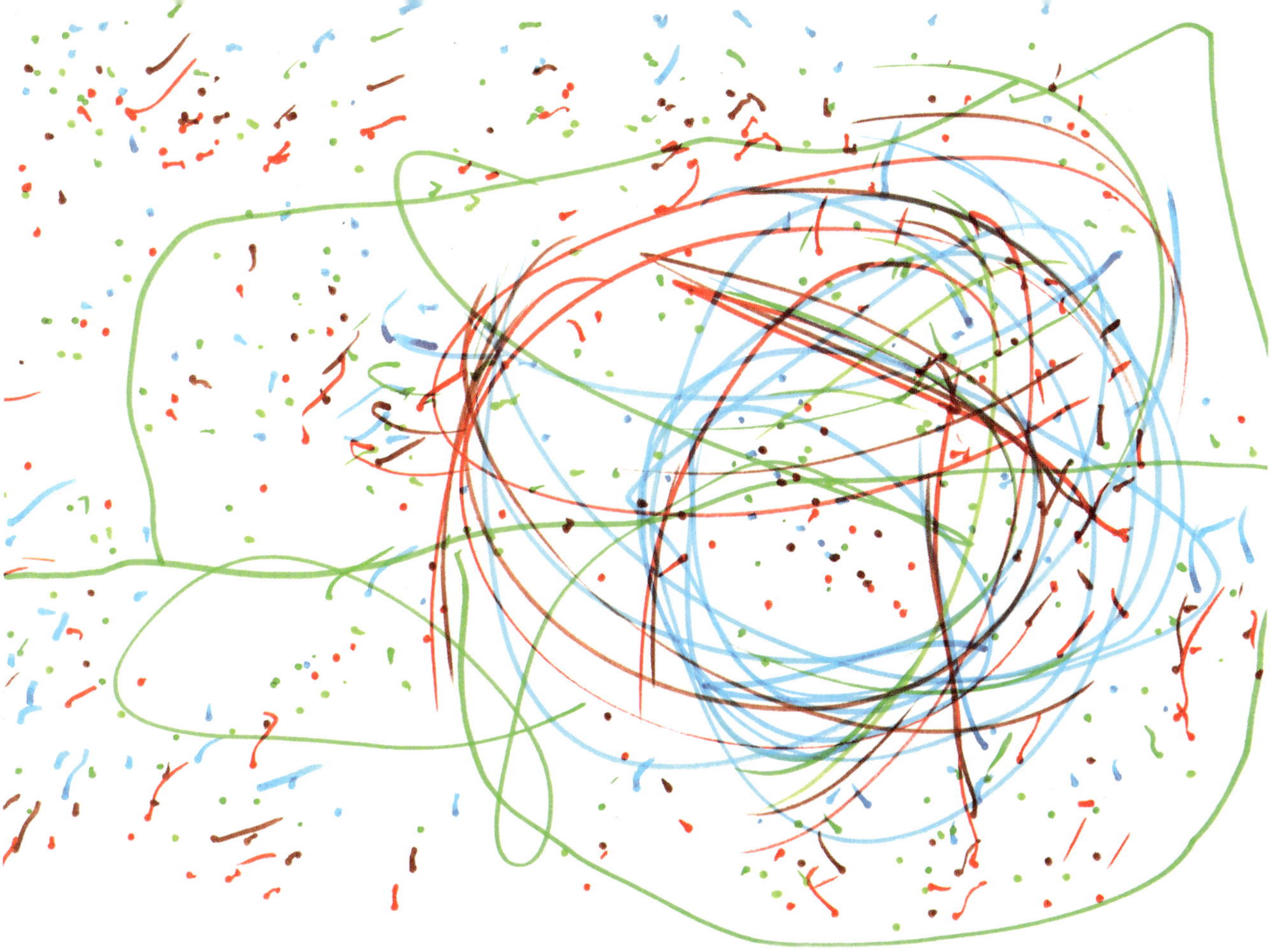

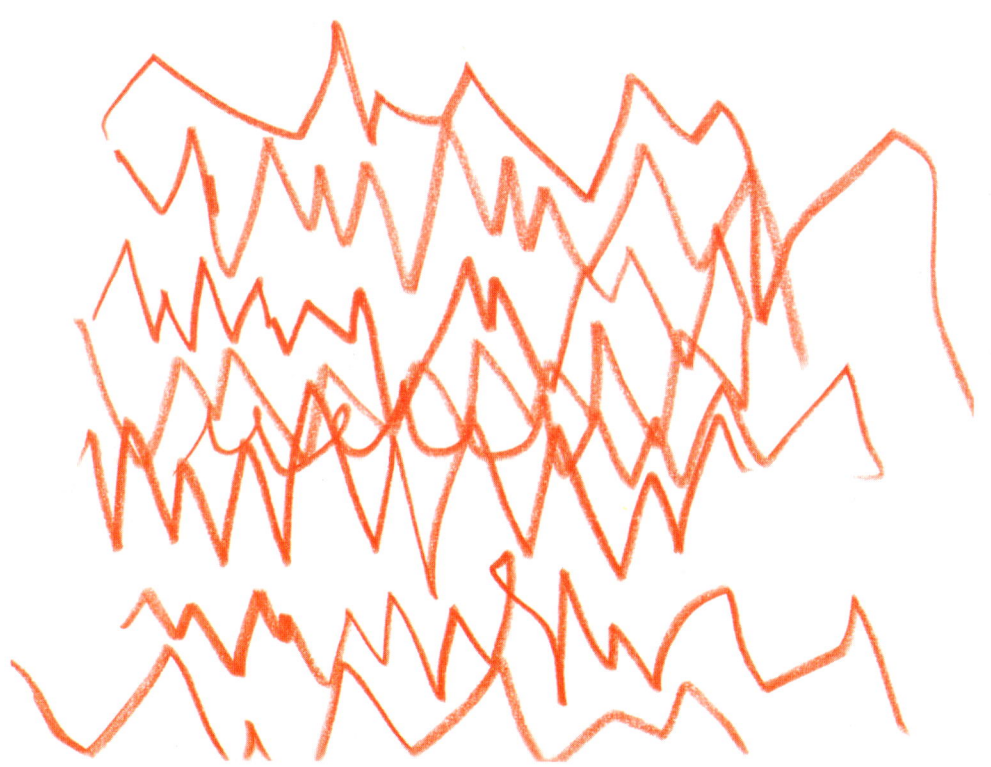

2

3

Mit zunehmender Geschicklichkeit entstehen erste **umrissene Flächenformen,** zum Beispiel Kreise und Ovale. Manchmal werden sie zusätzlich mit Linien verziert. Dabei sind die Darstellungen in ihrer Bedeutung meist offen.

Die 2-jährige Anna hat im gezeigten Beispiel (Abb. 1) Kreise mit kurzen Strichen verziert, sie erinnern an Blumen. Bedenken Sie, welche Entwicklungsschritte ein kleines Kind durchlaufen haben muss, bis es solch ein rhythmisches Muster zu Papier bringen kann: Die Linien (also Bewegungen) hat es aufeinander abgestimmt; sie hat sie gleich lang gemacht und im Winkel an die vorhandene Kreisrundung angepasst.

2

Erste **Gegenstände** erscheinen auf den Bildern, erste Menschendarstellungen entstehen in Form von so genannten **Kopffüßlern**. Die Gliedmaßen wie Arme und Beine werden oft nur mit Strichen dargestellt und – ohne Körper – direkt unter den Kopf gezeichnet. Das Gesicht mit Augen, Nase und Mund wird schon differenzierter gezeichnet. Kein Wunder, denn Gesichter haben für den kleinen Menschen schon sehr früh eine besondere Bedeutung; so äußern sich Gefühle, die Art der sozialen Beziehung im Gesichtsausdruck, den ein Kind recht bald deuten lernt.

Auf die Wahrnehmung von Gesichtern sind wir ohnehin von Natur aus geprägt. Wie kommt es sonst, dass wir beim Betrachten von wilden Wolken oder blätterndem Putz häufig häufig zuerst „Gesichter" in den diffusen Strukturen erkennen.

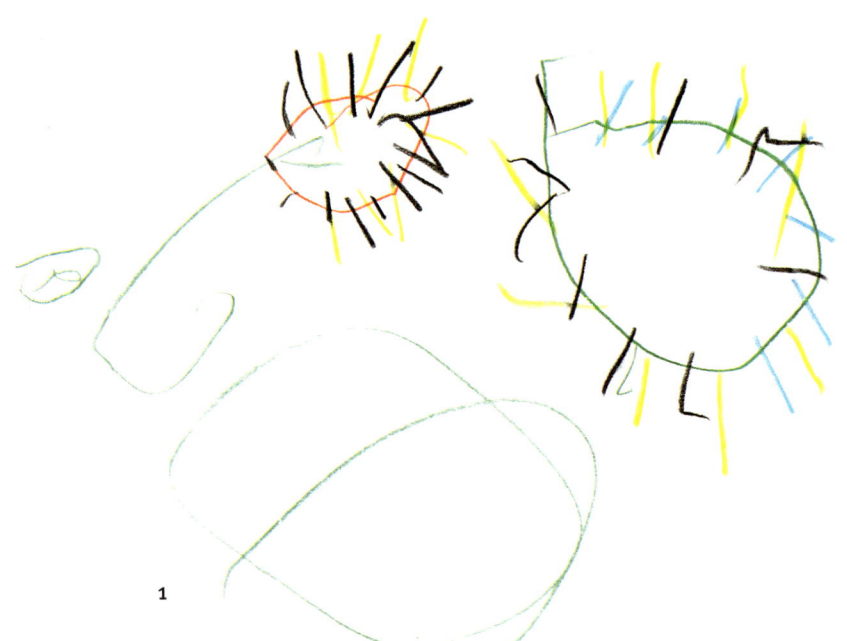

1

Bei der ersten Darstellung eines Vogels hat die 3-jährige Melina ein Gesicht als Zeichen fürs Lebendige gefunden (Abb. 2). Einige umrissene Flächen (hier die für Vögel so wichtigen Gliedmaßen) hat sie durch Ausmalen kräftig betont.

Nur wenige zielsicher gezogene Linien reichten der 3-jährigen Anna, um ihren Papa in voller Größe zu zeichnen (Abb. 3).

Der 3-jährigen Tabita genügte der Kopf, um einen Menschen aufs Papier zu bringen (Abb. 4). Dass er hören kann, ist eindeutig zu erkennen.

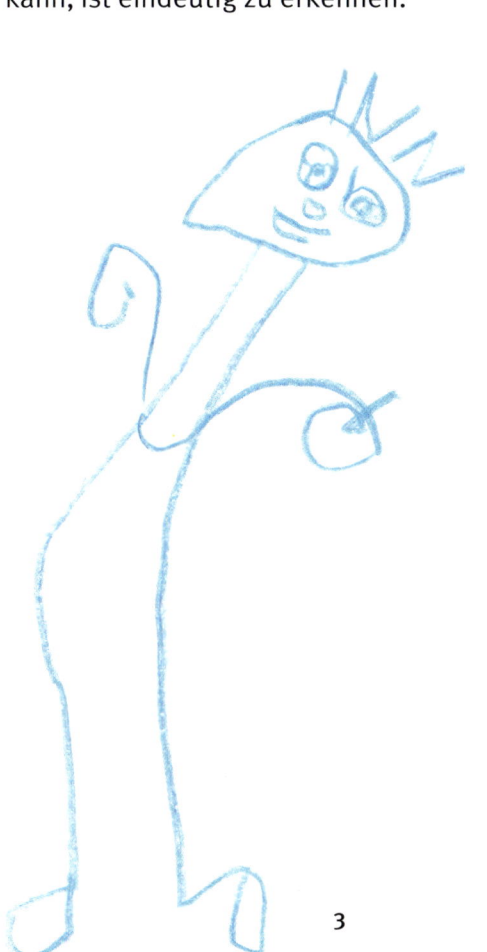

3

4

Das Vorschulkind

Im Vorschulalter, etwa zwischen vier und sechs Jahren, werden die Beobachtungen und Erlebnisse der Kinder immer genauer und **differenzierter**, was sich auch in den zeichnerischen und malerischen Aussagen zeigt. Neue Entdeckungen werden gemacht und in das vorhandene Welt- und Menschenbild eingeordnet.

Während Kleinkinder in erster Linie durch den Spaß an der Bewegung und vom Tun selbst motiviert sind, wird jetzt das sichtbare Ergebnis immer wichtiger. Die Kinder wollen möglichst viel in ihren Bildern erzählen. Sie versuchen Bewegungen und Richtungen klar darzustellen, die Bildaussagen werden realitätsbezogener und reichhaltiger.

Kinder, die an zeichnerischer Sicherheit gewonnen haben, streben klare geometrische Formen an. Es fällt auf, dass Kinder die Merkmale und Dinge **groß zeichnen**, die ihnen in diesem

3

Moment **wichtig** sind. Die 5-jährige Anna hat sich und Max beim Fangenspielen gemalt (Abb. 1, 2). An den Frisuren lassen sich beide Kinder unterscheiden. Dass man für dieses Spiel besonders seine Hände braucht, hat Anna durch die Größe eindeutig signalisiert. Und schauen Sie, wie sehr sich der kleine Bruder im Bild der 5-jährigen Franziska strecken muss (Abb. 3), um oben an die Kugelbahn zu kommen!

Der Einsatz von **Farben** erfolgt anfangs nicht realitätsbezogen. Die Töne werden meist aus der momentanen Stimmung heraus gewählt und sind noch oft ohne Bezug zum Gegenstand. Die Farbe führt im Bild ein eigenständiges Leben, da kann ein Baum auch einmal blau sein. Später werden der Boden gern grün oder braun gekennzeichnet, der Himmel blau und die Sonne gelb.

Eine wichtige Entdeckung im Laufe der bildnerischen Entwicklung ist die **Fläche**, die Dinge bekommen neben

1

2

der Linie eine zweite Dimension. Umrisslinien werden ausgemalt, dabei auch manchmal gemustert. Der Clown, der Blumen zaubert (Abb. 4), hat die 4-jährige Anna offensichtlich auch wegen seiner bunten Kleidung beeindruckt. Im Alter von 5 Jahren haben es Anna immer noch die Blumen angetan: Sie sind sehr vielfältig gezeichnet und unterschiedlich ausgemalt und stehen fest verwurzelt auf dem grasgrün ausgemalten Berg (Abb. 5).

4

5

Ein folgerichtiges Ergebnis intensiverer Beobachtung ist neben der Darstellung **aufrecht** stehender Menschen auch die Darstellung von Lebewesen **in waagerechter Position**. In eindeutiger Haltung (Abb. 1) hat die 6-jährige Franziska ihren auf dem Boden krabbelnden Bruder gezeichnet. Er wendet sein Gesicht dem Betrachter zu. Bei ihrem Reh in Seitenansicht streiten beim Kopf Profil- und Frontalansicht miteinander (Abb. 2). Die 4-jährige Ina hat sich selbst zusammen mit ihrem Haustier dargestellt (Abb. 3). Beachten Sie auch hier, welche Möglichkeit sie für die Ansicht des Kopfes fand.

Das Vorschulkind scheut **Überschneidungen** im Bild und sucht nach anderen Lösungen. So kann es sein, dass Bäume den zuvor gezeichneten Wolken einfach ausweichen oder dass ein reiten-

des Kind zum Beispiel auf dem Pferd steht, wie das im Reitstundenbild der 5-jährigen Franziska deutlich wird (Abb. 4).

Das Gefühl für eine Raumaufteilung auf dem Blatt Papier wird für das zeichnende Vorschulkind immer ausgeprägter. Es stabilisiert sich ein **Oben und Unten** in den Bildern. Auffallend ist, dass anfangs die Anordnung der Motive nebeneinander an der unteren Blattkante als Bodenlinie oder an einer extra gezeichneten Standlinie erfolgt. Der **rechte Winkel** ist dabei ein Zeichen für den deutlichen Richtungsunterschied zwischen Basis und darauf Stehendem.

2

1

3

Deshalb ist es für eine 5-jährige logisch, dass die Blumen auch auf einem steilen Berg rechtwinkelig abstehen (Seite 14/15, Abb. 5). Wachstumsregeln und Schwerkraft sind für sie unwichtig. Auch ihr Zuhause (Abb. 5) hat Anna an der Blattunterkante als Boden angeordnet. Der Schornstein steht im rechten Winkel vom Dach ab, was ganz typisch für diese Altersstufe ist.

4

5

1

Möchte ein Kind so viel zeichnen, dass die Bodenlinie nicht mehr genügend Platz bietet, werden entweder **weitere Standlinien** darüber eingezeichnet oder die Dinge wie bei einem **Streubild** auf der gesamten Fläche angeordnet. So zeichnet es neben- oder übereinander, was eigentlich hintereinander steht, um Überschneidungen zu vermeiden. Beispiele dafür sind die Blumenwiese mit Schmetterlingen, gezeichnet von der 6-jährigen Anna (Abb. 1) und die Haustiere im Garten des 5-jährigen Valentin (Abb. 2).

Durch die reichhaltigeren Bilder wird das Problem der Perspektive immer größer. Eine weitere Lösung für die räumliche Darstellung ist auch das **Umklappen** von Formen und Figuren. Dinge, die dem Kind wichtig sind und nicht richtig auf der Standlinie platziert wären, zeichnen sie, nachdem sie das Blatt einfach in eine für sie logische Richtung gedreht haben. Zu beobachten ist das im Schwimmbadbild (Abb. 3) der 6-jährigen Anna und bei der Darstellung ihrer Straße (Abb. 4).

Vorschulkinder wollen möglichst alles, was sie wissen, bildlich darstellen. So werden sogar Dinge, die man eigentlich nicht sieht, in so genannten **Röntgenbildern** sichtbar gemacht. Wenn Papa Knödel isst, landen sie natürlich, hier gezeich-

2

3

4

net von der 6-jährigen Franziska, in seinem Bauch (Abb. 5). Dass die 5-jährige Anna in ihrem Bild von einem Möbelwagen erzählt (Abb. 6), kann man unschwer an der darin aufgestellten Inneneinrichtung erkennen.

Zusammenfassend lässt sich für das Vorschulalter sagen, dass die bildnerische Tätigkeit noch vorwiegend vom Spielcharakter geprägt ist. Die Kinder haben Spaß daran, das Gesehene und Erlebte in eine Form zu bringen, sichtbar festzuhalten und verschiedene Elemente in Beziehung zueinander zu setzen, wobei die Szenen immer größer und komplexer werden können.

5

6

Das Schulkind

Kinder malen und zeichnen bevorzugt aus ihrer Erfahrungswelt heraus und streben mit zunehmendem Alter möglichst realitätsbezogene Abbildungen an. **Details** werden immer wichtiger, auch in den Zeichnungen. Der Schulbeginn ist ein wichtiger Abschnitt im Leben, mit ihm wächst der Aktionsradius: Die Welt des Kindes wird immer größer.

Während es sich mit seiner Umwelt auseinander setzt sowie neue Beobachtungen und Erfahrungen in sein Weltbild einfügt, bleibt **die menschliche Figur** nach wie vor sehr beeindruckend; sie taucht in vielen Kinderzeichnungen auf. Dabei wird neben der Frontalansicht bereits die schwierigere Profildarstellung versucht, wie auch das Regenbild der 10-jährigen Melina zeigt (Abb. 1). Beachten Sie, wie sie es noch vermied, die Haare über die runde Gesichtsfläche zu zeichnen. Während die Oberkörper aus der Vorderansicht zu sehen sind, hat das Mädchen die Arme schon an eine Seite gebracht – sogar bereits mit **Überschneidungen**.

Es entwickelt sich allmählich eine klare Zuordnung der Dinge in der Bildfläche: Nicht nur Überschneidungen tauchen im Bild auf, die Dinge werden auch mit **Staffelung** hintereinander gezeichnet, wodurch eine Tiefenwirkung entsteht: ein folgerichtiges Ergebnis genauer Beobachtung! Auch schräg verlaufende, nach hinten sich verjüngende Stra-

1

ßen erzeugen eine **perspektivische Tiefenwirkung**, wobei das alles noch recht zaghaft geschieht, wie in der Darstellung des Schäfers mit seiner Herde von der 9-jährigen Valena zu sehen ist (Abb. 2).

Trotz differenzierter Wahrnehmungen und dazugewonnener zeichnerischer Sicherheit (siehe die Textilmuster im Regenbild) bleiben so genannte „Kinderfehler" noch lange sichtbar. Die Kinder gewinnen aber deutlich ein besseres Gefühl für **Größenverhältnisse** und **Raumaufteilung**. Farben werden zunehmend realitätsbezogen eingesetzt und die Dinge in der „richtigen", „passenden" Farbe gemalt und gezeichnet.

2

Auch die 12-jährige Melina hat eine sehr sachliche Zeichnung eines Hubschraubers mit Pilot angefertigt, bei dem die Proportionen nur unwesentlich von der Realität abweichen (Abb. 3).

Je älter das Kind wird, umso größer ist die Bereitschaft, Schemata zu übernehmen. Ein **Schema** hilft über Unsicherheiten hinweg, denn das Ergebnis wird offensichtlich immer wichtiger. Ein starkes Leistungsstreben ist zu erkennen, die Unbefangenheit und Entdeckungsfreude gehen leider häufig verloren.

Neue Techniken und Materialien, eine einfühlsame Hilfestellung und Er-

3

mutigung erhalten jedoch in dieser kritischen Phase die Freude am bildnerischen Tun, wie die Filzstiftzeichnung mit den Zwillingen, angefertigt von den 8-jährigen Zwillingen Maria und Elisabeth, zeigt. (Abb. 4)

4

Bildnerische Fähigkeiten fördern

Die kreative Entwicklung und gestalterische Begabung der Kinder lässt sich durch günstige Bedingungen entscheidend fördern. Es entfalten sich praktische Fähigkeiten, gleichzeitig aber auch die gesamte Persönlichkeit. Die beim Tun gesammelten Erfahrungen (erlebte Freude, aber auch Frust oder gelöste Probleme) helfen mit, das Leben zu meistern.

Individueller Prozess

Die Entwicklung von Kreativität ist ein individueller Prozess. Jedes Kind sollte das Recht haben, im eigenen Tempo zu arbeiten und durch eigene Erfahrungen und Bemühungen lernen zu können. Dazu gehört, dass bestimmte Phasen länger als erwartet andauern, dass etwas übersprungen wird oder Rücksprünge auftreten. Verfrühte Anforderungen, zu viele Vorgaben und unsachgemäße Kritik können das Kind in seiner Schaffensfreude und bildnerischen Entwicklung sehr hemmen. Helfen Sie dem Kind, falls nötig, aber ermutigen Sie es vor allem zum Experimentieren, Erforschen und Erfinden!

1

Neugier auf die Welt

Jedes Kind hat die Neugier und den Drang, die Welt zu erforschen und zu verstehen. Auch Malen und Zeichnen sind ein intensives Bemühen um Verstehen und weitere Erkenntnisse. Die aktive Beschäftigung mit der Vielfalt der Welt hilft dem Kind, genau zu beobachten, zu beurteilen und alles besser zu verstehen. Die bildnerische Aussage wird umso differenzierter, je bewusster es hinsieht und wahrnimmt. Es lohnt, die Wahrnehmung gezielt zu fördern.

Aber kein Fernseher ersetzt den Naturspaziergang! Beobachten und vergleichen Sie Blumen einmal genauer als sonst, mit der Neugier eines Kindes. Welche unterschiedlichen Farben, Formen, Düfte, Muster und Größen sind zu finden! Intensives Sehen und Wahrnehmen erfordert jedoch Zeit, Geduld und Ruhe.

Vielfältiges Material

Damit das Kind seinem spontanen Gestaltungsdrang nachgehen kann, sollten stets verschiedene Materialien wie zum Beispiel Stifte und Papier erreichbar sein. Empfehlenswert sind Wandtafeln, an denen die Kinder sich austoben und ihre Bewegungsmotorik mit Kreiden schulen können.

Verschiedene, auch neue Materialien und Techniken sorgen für Abwechslung und motivieren oft auch solche Kinder wieder, die die Lust am bildnerischen Gestalten verloren haben. Bieten Sie dem Kind die Materialauswahl aber übersichtlich an. Denn zu viele verschiedene Farben und Papiere überfordern vor allem jüngere Kinder.

Farbnäpfe reinigen

Ab und zu sollten Sie verschmutzte Farbnäpfe und -blöcke säubern, damit das Kind mit klaren Tönen malen und mischen kann. Es genügt, ihre Oberfläche mit Schwamm oder feuchtem Lappen abzuwischen. Werden die Farben hingegen unter fließendem Wasser abgespült, geht unnötig viel Farbe verloren. Außerdem bleibt sie zu lange nass; Bindemittel und Pigmente können sich trennen. Diese setzen sich unten ab. Die oben zähe, bindemittelgesättigte Masse lässt sich schlecht vermalen.

Sinnvoller Arbeitsplatz

Um das zu befürchtende Chaos beim Umgang beispielsweise mit Fingerfarben oder Deckfarben zu verhindern, schützen Sie vor Beginn den Arbeitsplatz mit Unterlagen aus Zeitungspapier oder alten Decken. Bei schönem Wetter bietet sich das Arbeiten im Freien an. Ein Malerkittel sollte immer greifbar sein! Nur so wird das Kind beim Malen nicht ständig zum Aufpassen und zur Vorsicht gemahnt und behält die spontane und unbeschwerte Freude am praktischen Tun.

Anerkennung

Sammeln Sie die Kinderbilder und hängen Sie einige schön gerahmt auf! Sie wirken an jeder Wand dekorativ und vermitteln dem Kind Anerkennung und Selbstbewusstsein. Übertriebenes Lob ist aber nicht immer angebracht. Wenn ein Kind mit seinem Tun selbst unzufrieden ist, fühlt es sich in seinen eigenen Ansprüchen durch falsches Lob nicht ernst genommen.

Betrachten Sie zusammen mit dem Kind Abbildungen von Werken verschiedener Künstler. Intensiver und anregender ist ein Museumsbesuch.

Eigene Begeisterung

Betätigen Sie sich selbst gestalterisch? Sie werden sehen: Die eigene Begeisterung überträgt sich auf die Kinder! Doch Vorsicht: Qualitätsvergleiche mit Erwachsenenbildern verunsichern Kinder und können den Mut zum bildnerischen Tun nehmen. Es geht nicht um bessere oder schlechtere Arbeiten; lenken Sie den Blick mehr auf einzelne Aspekte. Zeigen Sie aber vor allem dem Kind, wie wichtig seine eigenen Arbeiten sind.

Freies Malen ohne Vorgaben

Obwohl dieses Buch viele Geschichten und weitere Themen anbietet, sollten Sie nicht vergessen, dass Kinder in der Regel eigene Ideen für Ihren Umgang mit Stiften und Kreiden, für flüssige Farben und andere Materialien entwickeln. Thematische Anregungen von Erwachsenen sollen dabei nur unterstützend und motivierend wirken. Sorgen Sie also für genügend Gelegenheiten zu ganz freiem Gestalten.

1

Das Material erkunden

Das Malen und Experimentieren mit Farbe sollte spielerisch und ohne Bindung an ein Thema begonnen werden. Das Kind darf ausprobieren, Materialerfahrungen sammeln und in die Welt der Farben fast ohne Vorgaben eintauchen. Es wird aus seinem Gedächtnis und aus seiner Vorstellung heraus arbeiten.

2

Gerade wenn es neue Flüssigfarben bekommen hat, beispielsweise Tempera, wird das Kind sie ineinander fließen lassen, Farbtupfen übereinander und nebeneinander setzen, Farbe spritzen und tropfen lassen, Farben mischen und Pinsel ausprobieren (Abb. 1 bis 3).

Beim freien Malen entdeckt das Kind eine Vielfalt von Möglichkeiten. Es sieht, wie Farbe und Formen sich verändern und anordnen lassen. Es entwickelt ein Gefühl für Farbtöne und Formen, erprobt eigene Ideen, erkennt seine Fertigkeiten und lernt, Gefühle auszudrücken.

Freies Malen kommt dem Schaffensdrang des Kindes und seiner Freude am Tun sehr entgegen. Deshalb ist es wichtig, den Kindern so oft und so früh wie möglich diese Gelegenheit anzubieten.

Ohne Vorzeichnung

Die Vorstellung, ein Bild sei nur schön, wenn es „sauber" gemalt und exakt angelegt wurde, ist falsch. Deshalb sollte vor allem beim freien Ma-

3

4

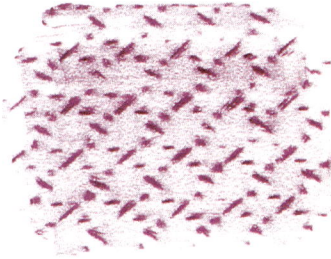

5

len keinesfalls vorgezeichnet werden. Das Kind braucht Gelegenheit, spontan mit Pinsel und Farbe zu üben. Kinder lernen während des freien Malens, dass unterschiedliche Farbtöne durch das Ineinanderfließen von nassen Farben oder durch gezieltes Mischen entstehen können. Ein Farbabdruck wird dann zum Gesicht (siehe Seite 22), zu fantasievollen Pflanzen, Fischen, Vögeln oder zu anderen Tieren ausgestaltet (siehe Seite 96/97). Die Ansprüche des Kindes an sich selbst werden mit fortschreitender Fertigkeit steigen. Mit der Zeit, wenn das Kind nicht von selbst ein Thema in ein Bild umsetzt, kann behutsam ein Motiv angesteuert werden (Abb. 4).

Spurensuche

Beim freien Arbeiten kann auch die Umgebung mit einbezogen werden. Bei der bekannten Durchreibetechnik (Frottage) gehen die Kinder auf Entdeckungstour, wobei der Tastsinn im Vordergrund steht. Wachsmalblöcke eignen sich dafür besonders

gut. Man legt Zeichenpapier über Materialien mit strukturierten Oberflächen, zum Beispiel Wellpappe, Blätter oder grobe Stoffe. Streicht man flach mit einem Wachsmalblock darüber, zeichnet sich wie durch Zauberei die Struktur ab (Abb. 5–7). Beim Bemalen mit Deckfarben perlt die Farbe vom Wachs ab und färbt nur das weiße Papier ein (Abb. 8). Solche reizvoll gemusterten Flächen lassen sich dann weiternutzen, zum Beispiel als Ausgangsmaterial für Collagen zum Thema Landschaft oder Kleidermode.

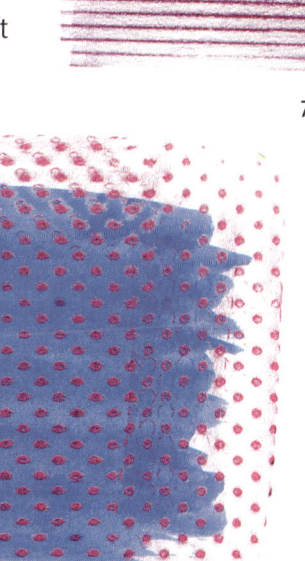

6

7

8

Farbe – was ist das eigentlich?

Über die verschiedenen Farbmaterialien wie Kreiden, Deckfarben und so weiter informiert der Hauptteil des Buches ab Seite 34. Doch wie wirkt Farbe an sich auf uns Menschen? Nicht nur Kinder lieben Farben; auch wenn wir unsere Wohnung einrichten, den Garten bepflanzen oder morgens in den Kleiderschrank blicken – immer steht auch die Frage nach den geeigneten Farben im Mittelpunkt.

Farbe berührt uns tief

Wie trist und grau wäre die Welt ohne Farben! Die verschiedenen Einzeltöne und Farbkombinationen wirken faszinierend und äußerst vielfältig auf uns. Sie können zum Beispiel Stimmungen beeinflussen, Vorstellungen und die Aufmerksamkeit wecken, Gefühle und Eindrücke hervorrufen. Kinder greifen bei der ersten Gelegenheit zu farbigen Stiften und setzen sie je nach Lust und Neigung ein. Das Gespür und Wissen über Farbe wird im Laufe der Kindheit immer differenzierter, vor allem, wenn Sie ab und zu auf bestimmte Zusammenhänge hinweisen und so die Farbwahrnehmung, den bewussten Umgang mit Farbe positiv unterstützen.

Ohne Licht keine Farbe

Um Farbe wahrnehmen, also sehen zu können, brauchen wir Licht! Sir Isaac Newton (englischer Mathematiker, Physiker und Astronom, 1643–1727) entdeckte, dass das reine weiße Licht von der Sonne alle Farben enthält. Er zerlegte das Sonnenlicht mit Hilfe eines dreieckigen Glases, dem Prisma, in seine Bestandteile. Das so gebrochene Licht erscheint wegen der unterschiedlichen Wellenlängen, in denen es uns erreicht, in verschiedenen Farbtönen. Auch die Regenbogenfarben (Spektralfarben) entstehen durch die Lichtbrechung der Sonnenstrahlen in den Regentropfen.

Die uns umgebenden Dinge sehen wir deshalb so verschieden, weil das Licht auf die Oberflächen trifft, aber meistens nicht vollständig zurückgestrahlt (reflektiert) wird. Ein Teil wird vom Material geschluckt (absorbiert), das dadurch etwas wärmer wird. Das spürt man, wenn man schwarzes und weißes Papier zum Vergleich in die Sonne legt. Das Licht aber, das reflektiert wird, sehen wir mit unseren Augen, und zwar je nach Wellenlänge in verschiedener Farbe. Zum Beispiel sorgt die Beschaffenheit eines schwarzen Materials dafür, dass fast alles Licht geschluckt wird. Es wirkt dunkel. Weiße Flächen reflektieren jedoch fast alles Licht wieder, deshalb erstrahlen sie so

1

hell. Bei einer roten Fläche wird nur ein Teil der Lichtwellen geschluckt und nur die, die wir als Rot wahrnehmen, erreichen unser Auge.

Die Farbwirkung wird natürlich durch den Wechsel der Beleuchtung stark beeinflusst, denn nicht immer sehen wir alles in weißem Sonnenlicht. So wirkt zum Beispiel das Blau eines Kleides in der roten Morgensonne ganz anders als unter einer Neonlampe.

Farben zum Zeichnen und Malen sind also nichts anderes als spezielle Materialien, die das Licht auf verschiedene Weise absorbieren und reflektieren. Früher wurden sie aus mineralischen, tierischen und pflanzlichen Stoffen hergestellt. Erst seit Mitte des 19. Jahrhunderts gibt es chemische Verfahren zur Farbherstellung – ein Grund dafür, dass es für so viele Verwendungszwecke eine riesige Paletten an Farben gibt. Außerdem hat sich die Haltbarkeit verbessert.

Unbunte Farben

Neben den bunten Farben im herkömmlichen Sinn gibt es die so genannten „unbunten" Farben. Dazu zählen Schwarz, Weiß und die vielen Grautöne. Denkt man an die Schwarzweißfotografie und -filme, so wird deutlich, wie beeindruckend allein das Spiel zwischen Hell und Dunkel auf uns wirken kann. Ein Beispiel dafür ist auch das Bild mit den Bäumen im Nebel, das nach der Geschichte von Seite 114 entstanden ist (Abb. 1).

Aufhellen, abdunkeln und mischen

Mit schwarzer, grauer und weißer Farbe können andere Farben abgedunkelt oder aufgehellt werden, doch nicht immer mit dem schönsten Ergebnis: Gelb wird durch Schwarz zum Beispiel sehr schnell zu einem dunklen Olivgrün. Flüssigfarben, die auf weißes Papier gemalt werden, verdünnt man besser mit Wasser. Denn dann leuchtet mehr vom Papier durch, und die Farben wirken automatisch heller.

Das Vermischen verschiedener Farbtöne ist ein ganz besonderer Spaß. Gezielter lassen sich die Ergebnisse steuern, wenn ein wenig Grundwissen über die Farben vorhanden ist.

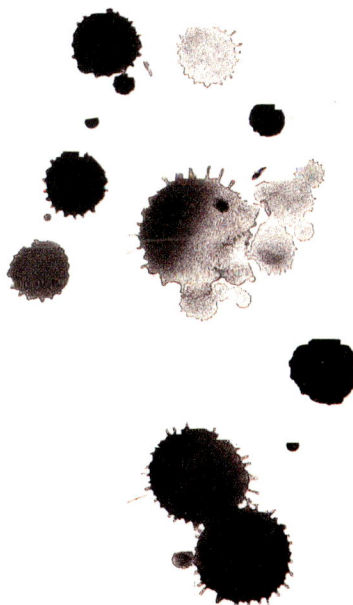

Grundfarben
Rot, Gelb und Blau

Es gibt verschiedene Ordnungssysteme, um eine Übersicht über alle Farben zu erhalten. Am bekanntesten ist der Farbkreis aus reinbunten Tönen. Rot, Gelb und Blau sind darin die Grundfarben (Abb. 1). Sie lassen sich nicht durch Ermischen aus anderen Farben herstellen, bilden selbst aber die Voraussetzung zum Mischen aller anderen Farben. Deshalb nennt man sie auch Primärfarben oder „Farben erster Ordnung". Ganz reine Grundfarben, die auch in professionellen Druckereien genutzt werden, sind neben einem ganz bestimmten Gelb noch Magentarot und Cyanblau.

2

Sekundärfarben
Grün, Orange und Violett

Durch Mischen der Primärfarben entstehen die Sekundärfarben Orange, Violett und Grün. Grün entsteht beim Mischen von Gelb und Blau. Blau und Rot ergibt Violett, Orange entsteht durch Mischen von Gelb und Rot. Je nach Anteil der beteiligten Farben kann der Ton mehr zu der einen oder der anderen Seite tendieren (Abb. 2). Ein Orange kann zum Beispiel gelblicher oder rötlicher wirken.

Alle weiteren Farben sind Mischungen von mehreren Primär- oder Sekundärfarben. So entsteht zum Beispiel ein Braungrau, wenn Grün mit Rot gemischt wird.

Bunte Farben harmonieren umso mehr miteinander, je näher sie im Farbkreis beieinander liegen, da sie von den jeweils benachbarten Farben Teile erhalten.

1

Hell-Dunkel-Kontrast

Von den reinbunten Farben ist Gelb die hellste, Violett die dunkelste Farbe. Wie schon erwähnt, können Farben durch Weißzusatz oder Verdünnen aufgehellt sowie durch Schwarz abgedunkelt werden. Ganz zarte Farben nennt man Pastelltöne. Auch durch Beimischen einer anderen Farbe kann sich die Helligkeit ändern, aber gleichzeitig auch der Farbcharakter. Bedenken Sie, dass sich eine von Natur aus helle Farbe wie Gelb oder Orange nicht in so viele Hell-Dunkel-Abstufungen bringen lässt wie eine sehr dunkle Farbe (Blau oder Violett, siehe Abb. 3).

Ein Bild, das trotz verschiedener Farben durch und durch gleich hell ist, kann langweilig wirken. Unsere Wahrnehmung empfindet Hell-Dunkel-Kontraste als angenehm. Übrigens: Von zwei genau gleich großen Flächen im Bild wirkt die hellere von beiden größer.

Intensiv-Stumpf-Kontrast

Reine Farben haben die größte Leuchtkraft und Intensität. Durch Zumischen von Schwarz, Weiß oder Grau verändert sich nicht nur die Helligkeit, die Intensität geht ebenso verloren. Besonders durch das Zumischen einer extrem gegensätzlichen Farbe reduziert sich die Leuchtkraft. Das Ergebnis wirkt gebrochen, stumpf und getrübt.

Ein Farbton wirkt umso leuchtender, je stumpfer die benachbarten Farben

3

sind. In Abb. 4 ist dieser Kontrast zu sehen: Die oberen Töne wurden größtenteils durch die Komplementärfarben getrübt (unten): Gelb durch Violett, Rot durch Grün, Blau durch Orange und das leuchtende Grün durch Schwarz. Eine Malgeschichte, die mit dem Intensiv-Stumpf-Kontrast spielt, finden Sie übrigens auf Seite 76/77.

4

Kalt-Warm-Kontrast

1

2

Farben wecken bestimmte Vorstellungen: Die von Gelb bis Rot reichenden Töne werden zum Beispiel mit Feuer, Wärme oder Sonne in Verbindung gebracht (Abb. 1), grüne bis violette Farben dagegen mit Kälte (Abb. 2). Kühle Farben scheinen in der Bildwirkung optisch zurückzutreten, drücken Ferne, Starre oder Distanz aus. Warme Farben drängen optisch in den Vordergrund und werden eher mit Lebhaftigkeit in Verbindung gebracht.

Das eindeutige Zuordnen der Farben in „warm" und „kalt" ist nicht möglich, da sie auf jeden unterschiedlich wirken und weil einige Töne eher neutral empfunden werden.

Auch die umgebenden Farben im Bild haben Einfluss auf die Wirkung: Ein Rotviolett wirkt neben Orange zum Beispiel wärmer als neben Blau. In Abb. 3 liegen kühle und wärmere Nuancen spannungsreich im Wettstreit miteinander. Auf Seite 78/79 finden Sie übrigens eine Malgeschichte zum Thema Kalt-Warm-Kontrast.

Komplementär-Kontrast

Die stärksten Kontraste bestehen zwischen zwei Tönen, die sich im Farbkreis direkt gegenüber liegen. Man nennt sie Komplementärfarben (Ergänzungs- oder Gegenfarben). Stehen sie nebeneinander, steigern sie sich gegenseitig zur höchsten Leuchtkraft. Wird eine Farbe mit ihrer Komplementärfarbe jedoch gemischt, entsteht ein bräunliches Grau. Blau ist zum Beispiel die Komplementärfarbe zu Orange, Gelb zu Violett und Rot steht Grün gegenüber.

Um die Kontrastwirkung besser zu zeigen, prüfen wir das mit einem roten, violetten und orangefarbenen Papierstück auf verschiedenen Hintergründen. Legen wir ein rotes Papier auf einen braunen, einen orangefarbenen und schließlich auf einen grünen Hintergrund, kann man beobachten, wie sich die Wirkung der Farbe im Kontrast zu Umgebung ändert. Das Rot wirkt am kräftigsten und leuchtendsten, wenn es mit seiner Gegenfarbe Grün zusammenkommt (Abb. 4).

Die Farbwirkung des Komplementärfarbenpaares Violett und Gelb lässt sich sehr gut testen, indem ein violettes Papier auf ein grünes, blaues und gelbes Blatt gelegt wird. Das Violett wirkt auf dem gelben Hintergrund viel leuchtender und kräftiger als auf den anderen (Abb. 5).

Auch mit Orange auf rotem, braunem und blauem Hintergrund fällt der größtmögliche Kontrast auf: In der Nachbarschaft zu Blau wirkt das Orange am hellsten und zeigt die kräftigste Farbwirkung (Abb. 6).

Komplementärfarben in einem Bild können fröhlich wirken, manchmal auch aggressiv und grell. Auf Seite 80−84 finden Sie übrigens Malgeschichten, für deren Umsetzung man verschiedene Komplementärkontraste braucht.

3

4

5

6

31

Das Spiel mit den Formen

Wie ein Musiker mit Tönen und Rhythmen spielt, so gestaltet der Künstler mit Farben und Formen. Er macht Bewegungsspuren als Punkte und Linien sowie als Flecken und Flächen sichtbar. Punkte und Linien sind die Elemente des Zeichnens – zum Malen gehört der flächige Farbauftrag. Nicht nur bei Kindern ist der Übergang zwischen Zeichnen und Malen fließend. Geben Sie ihnen die Möglichkeit, beides kreativ auszuleben!

Punkte und Linien

Bevor Kinder zu Pinsel und Farbe greifen, haben sie entdeckt, dass Stifte wunderbare Spuren hinterlassen: Punkte und Linien, die sogar etwas darstellen können. Diese Elemente erzählen nicht nur etwas, sondern schaffen durch ihre Größe, Anordnung und Menge zudem einen optischen Reiz. Achten Sie bei den Kinderbildern einmal nur auf punktförmige Elemente, die sie gezielt dicht geballt oder locker gestreut aufs Papier gebracht haben (Abb. 1–5).

Die Ausdruckskraft der Linie als bildnerisches Mittel ist unerschöpflich. Je nach geplanter Bildaussage werden sie zum Beispiel dick oder dünn gezeichnet, kurz oder lang, gerade oder geschwungen, unterbrochen oder endlos, dicht oder locker, eng oder weit, gebogen oder gewinkelt.

Flächen

Flächen können lediglich aus einer Umrissform oder aus dichten Linien oder Punkten gezeichnet sein. Das flächige (Aus-)Malen mit Kreiden oder Farben ist eine weitere Möglichkeit, eine Form darzustellen. Bei Collagen wird Papier oder anderes Material aufgeklebt. Gefüllte Flächen stellen die Farbe in den Vordergrund.

Grundformen

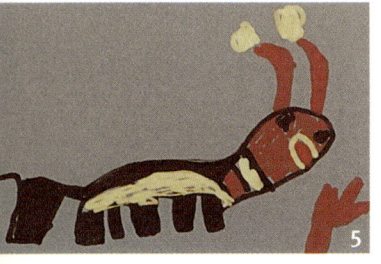

Einfache geometrische Grundformen wie Kreis, Oval, Dreieck und Viereck begegnen uns überall, auch wenn sie nicht immer sofort eindeutig zu erkennen sind. Wie kompliziert Gegenstände oder Figuren zunächst auch erscheinen: Beim Zeichnen und Malen reduzieren wir sie gern auf Grundformen. Kinder erkennen sie oft problemlos und geben sie in ihren Bildern unbefangen wieder.

Der Weg zum freien Zeichnen wird einfacher, je besser ein Motiv in seinen Grundformen erkannt und umgesetzt wird. Später wächst das Interesse an Details: Oberflächenstrukturen, Licht und Schatten, die genaue Farbgebung. Übt man, genau Beobachtetes zeichnerisch und malerisch darzustellen, werden die Motive plastischer und räumlicher.

6

7

Formkontraste

Für eine spannungsreiche Harmonie und ein Gleichgewicht aller Gestaltungselemente im Bild hilft es, nicht nur Farbkontraste, sondern auch Formkontraste gezielt zu setzen. Finden Sie Beispiele dafür in den Kinderbildern (Abb. 1–8)? Lenken Sie auch den Blick der Kinder immer wieder auf solche Gegensätze, um das Bewusstsein dafür zu schärfen:

Der **Größenkontrast** meint das Miteinander kleiner und großer Formen. Der **Mengenkontrast** tritt beim Zusammenwirken verstreuter und dicht geballter Bildelemente auf.

Der **Richtungskontrast** zeigt sich bei länglichen Formen oder Linien mit ihren waagerechten, senkrechten und schrägen Bewegungen im Bild.

Einen **Formkontrast** im engeren Sinne bilden zum Beispiel runde mit eckigen Formen, Punkte mit Linien.

Komposition

Die Anordnung der Motive auf der Fläche beeinflusst die Bildwirkung. Kinder neigen zu klaren Kompositionen, um alles deutlich und zunächst ohne Überschneidungen auf dem Blatt unterzubringen. Entdecken sie später die räumliche Darstellung, ergeben sich weitere Möglichkeiten für einen spannungsreichen Bildaufbau.

8

STIFTE
UND KREIDEN

Papier, Stifte und Kreiden sollten für die Kinder jederzeit zur Verfügung stehen. So können sie ihrem Schaffensdrang ungehemmt nachgehen. Zudem wird die Bewegungsmotorik beim Zeichnen als Grundvoraussetzung für spätere Schreibfertigkeiten geschult und weiterentwickelt.
Stifte und Kreiden haben gegenüber anderen Farben den Vorteil, dass kein Wasser bereitstehen muss; weil Trockenzeiten entfallen, kann man sehr spontan und zügig arbeiten. Leicht zu transportieren sind sie außerdem. Wie wäre es, mit Papier und Bleistift ausgerüstet, zu einem Spaziergang aufzubrechen, um draußen in der Natur interessante Dinge zu zeichnen? Probieren Sie gemeinsam mit den Kindern einmal unterschiedliche Stifte und Kreiden aus – das folgende Kapitel möchte Sie dazu ermuntern.

Kleine Materialkunde

Grundsätzlich gilt: Je kleiner der Künstler ist, umso gröber und handlicher sollte das Zeichenwerkzeug sein. Dicke, griffige Stifte und Kreiden eignen sich anfangs am besten, später können dann Künstlerfarbstifte und Künstlerkreiden ausprobiert werden. Auf gute Qualität sollte beim Kauf stets geachtet werden, es zahlt sich aus.

Bleistifte

Bleistifte enthalten kein Blei, sondern bestehen hauptsächlich aus Graphit und Füllstoffanteilen wie zum Beispiel Kaolin. Sie werden im Fachhandel angeboten, versehen mit Ziffern und Buchstaben, die für verschiedene Härtegrade stehen. Diese Bezeichnungen kommen aus dem Englischen und bedeuten: H (hard) = hart, HB (hardblack) = mittelhart, B (black) = schwarz, F (firm) = fest. Je höher außerdem die Ziffer vor dem Buchstaben ist, umso härter (1H bis 8H) oder weicher (1B bis 8B) sind die Stifte.

Weiche Bleistifte erzeugen bei viel Druck kräftige, dunkle Striche; man kann aber auch ganz zart mit ihnen zeichnen. Sie lassen sich gut radieren, verschmieren aber leider auch schneller.

Harte Bleistifte hingegen ergeben feine, helle Linien. Drückt man fest auf, wird der Farbton kaum dunkler, stattdessen entstehen Rillen im Papier. Deshalb lassen sich solche Linien nicht so gut radieren, sie verschmieren aber kaum.

Apropos Radieren: Nach Möglichkeit sollten Radiergummis so wenig wie möglich eingesetzt werden, es verführt zu pingeligem, unfreiem Gestalten. Oft ist es besser, die falschen Linien stehen zu lassen und die richtigen kräftiger daneben zu zeichnen; nur so hat man die beste Kontrolle über die Verbesserung.

Farbstifte

Farb- oder Buntstifte sind in Holz gefasste farbige Minen. Im Fachhandel gibt es verschiedene Sortimente in mehr oder weniger großer Farbpalette. Für jüngere Kinder eignen sich am besten die extradicken Farbstifte, da sie mit einer dicken, bruchsicheren Kernmine gefüllt und handlicher sind. Später können auch Stifte mit dünnerer Mine für feinere Linien und Punkte benutzt werden. Im gezeigten Bild hat das Kind übrigens Bleistift und Farbstift miteinander kombiniert.

Es gibt außerdem wasservermalbare Farbstifte zu kaufen, die auch unter der Bezeichnung „Aquarell-Farbstifte" angeboten werden.

Wachsmalkreiden und Wachsmalblöcke

Qualitativ gute Wachsmalkreiden oder -stifte enthalten neben den Farbpigmenten in der Regel echtes Bienenwachs und verschiedene Öle. Sie sind terpentinlöslich und werden im Fachhandel in unterschiedlichen Farbtönen angeboten.

Es gibt auch wasserlösliche Wachsmalkreiden. Scharfe Konturen, mit Wasser vermalt, können verschwimmen; die Farbe schmiert. Diese Kreiden sind weicher und brechen schneller ab als die wasserfesten. Deshalb sind sie mit einer verschiebbaren Griffhülse versehen.

Zur Schulung der Feinmotorik sind dicke Wachsmalkreiden und Wachsmalblöcke besonders für die kleinen Künstler wichtig. Die handlichen Farben ermöglichen ein großflächiges Gestalten, vor allem die unzerbrechlichen Wachsmalblöcke mit ihren breiten Flächen und Kanten.

Zusätzlich gibt es birnenförmige Wachsmalkreiden zu kaufen. Sie sind griffig, bruchfest und krümelfrei und deshalb besonders für kleine Kinder zu empfehlen.

Als Malgrund eignet sich nicht nur festes weißes und farbiges Papier, Tapete, Packpapier und Pappe, sondern ebenso Holz, Stoff, Glas, Metall und Folie.

Achten Sie darauf, wo die Stifte verwendet werden, denn beim Arbeiten mit Wachsmalkreiden – mit Ausnahme der birnenförmigen – entstehen oft Wachskrümel, die schwer aus Teppichen oder Kleidungsstücken zu entfernen sind. Deshalb sind ein Malerkittel und Unterlagen aus Zeitungspapier am Arbeitsplatz zu empfehlen.

Ölpastellkreiden

Ölpastellkreiden sind weicher als Wachsmalkreiden, aber durch ihr ölhaltiges Bindemittel wiederum weniger zerbrechlich als reine Pastellkreiden. Der Fachhandel bietet sie auch in sehr dicker Form an, was vor allem bei großflächigem Gestalten von Vorteil ist. Die Farben zeichnen sich durch eine hohe Leuchtkraft und Farbintensität aus. Sie sind terpentinlöslich, weich und griffig. Wegen der entstehenden Krümel sollte vor der Arbeit stets eine Unterlage aus Zeitungspapier ausgelegt werden.

Pastellkreiden

Pastellkreiden gehören zu den hochwertigen Künstlermaterialien und sind entsprechend teuer. Sie werden aus feinsten Farbpigmenten, gemischt mit Kunstharz oder Kaolin, hergestellt. Die Farben haben eine hohe Deckkraft, sind staubig und trocken. Durch das geringe Bindemittel brechen die weichen Kreiden schnell. Sie lassen sich aber mit den Fingern einfach verwischen, auch mit Wasser vermalen und beliebig untereinander vermischen.

Damit die Farbpigmente der Pastellkreide gut haften, sind Papiere mit rauen Oberflächen besser geeignet als glatte Papiere. Um ein Verschmieren der Zeichnung zu verhindern, sollten die Zeichnungen fixiert werden. Solche Fixative werden im Fachhandel angeboten. Meistens werden die Farben durchs Fixieren etwas dunkler.

Kreiden für Wandtafel, Straße und Fenster

Kinder, die eine große Tafel oder eine mit Tafelfarbe gestrichene Malfläche haben, können mit Wandtafelkreiden großformatig zeichnen. Der Handel bietet auch staubfreie Kreiden an. Leider kann man besonders gelungene Tafelwerke nicht aufheben, es sei denn, man fotografiert sie.

Straßenkreiden bieten in ruhigen Wohngegenden, auf Schulhöfen oder anderen Plätzen viel Spaß für die Kinder. Relativ neu sind Kreiden, die speziell für Fensterscheiben entwickelt wurden.

Filzstifte oder Fasermaler

Die Tinte in den Filzstiften für Kinder sollte auf der Basis von Lebensmittelfarben und Wasser hergestellt sein und keine Konservierungsstoffe enthalten.

Die Stifte werden in unterschiedlichen Strichstärken angeboten. Dünne Stifte sind besonders ideal zum feinen Zeichnen, während zum Ausmalen von Flächen dicke Filzstifte besser geeignet sind.

Die zwei Filzstiftzeichnungen links und oben (auch die von Seite 34) entstanden übrigens nach der Geschichte von Seite 48/49.

Untergründe

Wie schon bei einzelnen Abschnitten erwähnt, muss der Mal- und Zeichengrund zum verwendeten Material passen. Generell aber gilt: Stellen Sie dem Kind genügend Papier in guter Qualität zur Verfügung, vor allem auch in großen Formaten. Ist das Kind immer nur auf die Rückseite von kleinen Notizzetteln angewiesen, darf man sich nicht wundern, wenn es seinen Gestaltungs- und Bewegungsdrang nicht ausleben kann oder seine Spuren sogar auf Wänden und Möbeln hinterlässt.

Mein allerliebstes Kuscheltier

Material:
* festes, weißes Zeichenpapier (mindestens DIN-A4-Format)
* Grundsortiment Wachsmalkreiden
* Zeitungspapier als Unterlage

Weitere Themenvorschläge:
* **Mein liebstes Haustier**
* **Unser Haus**
* **Bunte Schmetterlinge**
* **Eulen**
* **Faschingsmasken**
* **Bunter Vogel**
* **Vogelscheuchen**
* **Riese**

Wachsmalblöcke und -kreidestifte sind von besonderer Bedeutung für die Entwicklung der Kinder, da sie ihren Krafteinsatz, ihre Geschicklichkeit und Ausdauer schulen: eine wichtige Voraussetzung für spätere Schreibfertigkeiten. Diese Kreiden gleiten gut über den Malgrund, vermalen sich weich und sind trotzdem bruchfest. Weil sich damit schnell Farbflächen anlegen lassen, sind sie gerade bei jüngeren Kindern beliebt.

Zum Vorlesen:

Elisabeth und Maria besuchen denselben Kindergarten. Es gefällt ihnen dort sehr gut, denn sie dürfen gemeinsam mit anderen Kindern basteln, singen und spielen. Bei schönem Wetter gehen sie heraus in den Garten und toben sich auf dem Spielplatz aus. So wird es ihnen im Kindergarten nie langweilig.

Auf einen Tag in der Woche freuen sich die beiden aber besonders: auf den Kuscheltiertag! An diesem Tag dürfen sie ihr Kuscheltier mit in den Kindergarten bringen. Elisabeth und Maria haben, wie viele andere Kinder auch, gleich mehrere Kuscheltiere daheim. Ihre liebsten sind aber der Eumel und der Rabe.

Eumel und der Rabe waren schon öfter zum gemeinsamen Spielen im Kindergarten. Heute ist allerdings ein besonderer Tag, denn da darf Elisabeths Eumel zum ersten Mal bei Maria übernachten und Marias liebstes Kuscheltier, der Rabe, bei Elisabeth. Elisabeth und Maria fällt der Abschied für eine Nacht von ihren Kuscheltieren nicht ganz leicht – doch gibt es einen größeren Freundschaftsbeweis?

So wird's gemacht:

1 Schütze zuerst Tisch und Boden mit einer Unterlage aus alten Zeitungen. Denn beim Malen mit Wachsmalkreiden bilden sich feine Wachskrümel, die leicht die Umgebung verschmieren und sich nur schwer wieder entfernen lassen.

2 Zeichne das Kuscheltier in großzügigen Umrissen mit den Kreiden vor. Besonders schön wirkt das Bild, wenn du die Figur formatfüllend zeichnest.

3 Mit vielen kleinen Strichen kannst du zeigen, dass das Tier ein kuscheliges Fell hat. Das erfordert aber Ausdauer und Geduld. Wegen der breiten Strichstärke bei Wachsmalkreiden solltest du aber auf zu viele verschiedene und kleine Einzelheiten verzichten. – Jetzt kennst du Eumel und Rabe; wie sieht dein Kuscheltier aus?

Der Zaubervogel

Wachsmalkreiden kann man nicht nur in den herkömmlichen Farben, sondern auch in Metallictönen kaufen. Zwar kommt hier im Buch der Effekt aus drucktechnischen Gründen leider nicht so zur Geltung. Doch wenn Sie dem Kind dunkles Papier als Malgrund anbieten, wird es seine Freude an der reizvollen Wirkung dieser schimmernden Farben haben.

Zum Vorlesen:

Es war einmal ein Mädchen, das zusammen mit seiner Mutter in einer kleinen Hütte am Waldrand wohnte. Ihr Vater lebte nicht mehr und sie waren sehr arm. Das Mädchen half der Mutter, ein kleines Beet zu bestellen, auf dem sie Getreide anbauten. Im Sommer pflückte sie auf der Wiese Blumen, um sie auf dem Wochenmarkt des nahe gelegenen Dorfes zu verkaufen.

Eines Tages, als sie wieder einmal auf der Wiese einen kleinen Strauß pflückte, entdeckte sie im hohen Gras einen kleinen Vogel. Er piepste ganz jämmerlich, denn er hatte sich am Flügel verletzt und konnte nicht mehr fliegen. Voller Mitleid nahm sie ihn mit nach Hause und pflegte ihn, so

gut sie konnte. Sie gab ihm Wasser zu trinken und fütterte ihn mit Getreidekörnern aus ihrem kargen Anbau. Nach drei Wochen war die Wunde des Vogels verheilt. Mit einem lauten Piepsen verabschiedete er sich und flog in den Wald.

Es verging einige Zeit, als das Mädchen wieder auf der Wiese Blumen pflückte. Da flog ein wunderschöner Vogel daher und setzte sich neben sie ins Gras. Sein Gefieder war ganz prächtig anzusehen, denn er hatte goldene, violette und silberne Federn. Und zu ihrer Überraschung fing der Vogel auch noch an zu sprechen: „Mein kleines Mädchen, ich möchte dir vielmals danken, dass du meinem Jungen das Leben gerettet hast. Er hat mir auch von deiner Not erzählt. Und weil du so lieb warst, will ich dir auch helfen."

Er öffnete seinen Schnabel – heraus fielen lauter Perlen und Edelsteine! Der Zaubervogel schenkte sie dem Mädchen und flog wieder davon.

Das Mädchen konnte sein Glück kaum fassen, denn seine Not hatte nun ein Ende.

So wird's gemacht:

1 Decke zuerst den Tisch mit Zeitungen ab, damit er nicht von den Wachskrümeln verschmutzt.

2 Zeichne die Form dieses Zaubervogels ganz leicht mit der Wachsmalkreide vor. Das Gefieder gestaltest du abwechselnd in den verschiedenen Metallicfarben. Auf dunklem Untergrund gewinnen diese Farben eine ganz besondere Leuchtkraft. Je gründlicher sie aufgetragen werden, umso kräftiger und schöner ist die Farbwirkung.

3 Vervollständige das Bild mit aufgemalten Perlen und Edelsteinen. Weil der Malgrund schon farbig oder schwarz ist, erübrigt sich das mühselige Ausmalen des Hintergrundes. Auf den gezeigten Abbildungen siehst du, wie andere Kinder sich den Zaubervogel vorgestellt haben.

EXTRA-TIPP:
Wenn du auf einem sehr großen Blatt zeichnest, kannst du neben den schönen Muttervogel zusätzlich das kleine Vogeljunge zeichnen, das das Mädchen gerettet und gepflegt hatte. Wie sieht es aus: genauso wie die Mutter? Oder doch ein wenig anders?

Die drei Katzen

Material:
- helles, am besten weißes Papier
- Bleistifte in verschiedenen Härtegraden
- Fixativ oder Haarspray

Weitere Themenvorschläge:
- Fantasiedrachen
- Meine Lieblingspullover
- Viele Regenschirme, von oben gesehen

Bleistifte sind ein ideales, preiswertes Zeichenwerkzeug. Sie erlauben genaue Darstellungen in allen Details, Formen und Strukturen. Der Radiergummi sollte nur sparsam eingesetzt werden. Besonders ältere Kinder sind oft sehr kritisch mit ihren Zeichnungen und radieren zu viel. Weiche Bleistifte sind zum Zeichnen den härteren vorzuziehen, denn sie hinterlassen auch mit wenig Kraftaufwand eine deutliche Spur und erlauben schönere Hell-Dunkel-Kontraste.

Zum Vorlesen:

In der Nacht treffen sich zufällig zwei Katzen auf dem Hausdach. Sie schauen sich lange gegenseitig an und mustern sich. Dann schwärmt jede von ihrem schönen Fell. „Ich bin die Schönste! Mein Fell ist bunt und hat viele Streifen." Die andere aber entgegnet: „Schau mein Fell an, ich habe abwechselnd helle und dunkle Flecken, ich bin doch wohl viel schöner als du!"
Mit geschmeidigen Schritten kommt eine dritte Katze hinzu, setzt sich hin, putzt sich gelangweilt die Pfote und sagt: „Was streitet ihr euch, ihr zerzausten Kater? Schaut mich an, mein Fell ist gleichzeitig mit bunten Flecken und Streifen gemustert. Ich bin eindeutig die Schönste!"
Langsam dämmert es, der Morgen bricht an. Corinna geht mit ihrer Freundin in die Schule und kommt an dem Haus vorbei, auf dem die drei Katzen sitzen.
„Schau dir das an!", lacht Corinna. „Siehst du die drei grauen Katzen dort oben auf dem Dach?"

„Die sehen aber lustig aus!", entgegnet ihre Freundin. Noch eine Weile hört man, wie sich beide kichernd über das Katzentreffen unterhalten. Die drei Katzen aber schauen sich beleidigt an und sind sich einig, dass die dummen Menschenkinder wohl nichts von ihrer Schönheit verstehen.

So wird's gemacht:

1 Wähle verschiedene Bleistifte für dein Bild aus: Willst du dünne und helle Linien zeichnen, nimmst du einen harten Bleistift (siehe Seite 36). Weiche Bleistifte hinterlassen eine dunklere und dickere Zeichenspur. Probiere einige Stifte auf einem zweiten Blatt aus: mit leichtem und festem Druck; auch mit senkrecht und flach geführter Mine.

2 Beginne dann, zuerst die Umrisse des Hausdaches und der ersten Katze zu zeichnen. Da noch zwei weitere Katzen aufs Bild passen müssen, teilst du schon am Anfang das Blatt entsprechend ein.

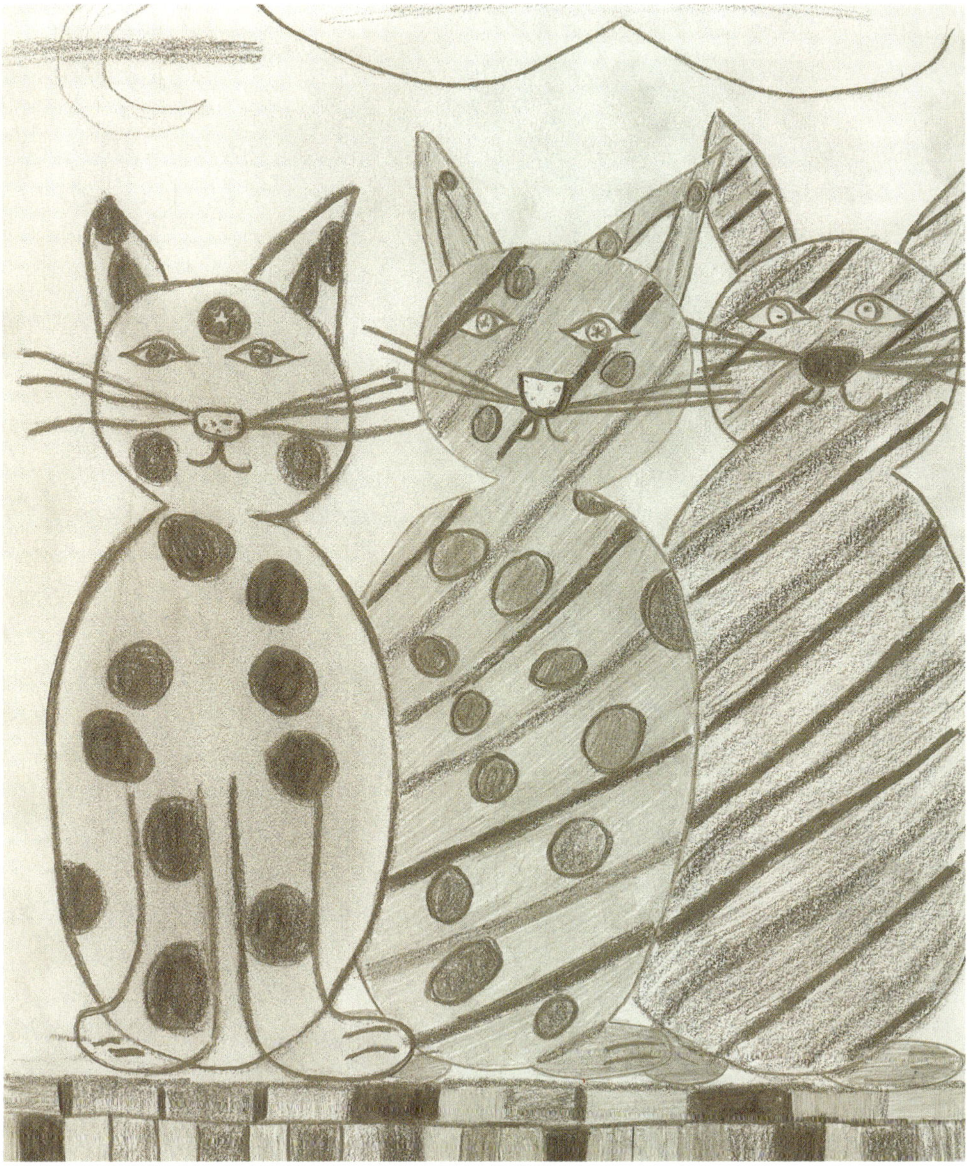

EXTRA-TIPP:
Soll dein Katzenbild noch einen Hintergrund bekommen? Dazu malst du ihn mit flach gehaltenem weichem Bleistift dunkel aus. Damit die Katzen trotzdem gut zur Geltung kommen, lässt du um alle Konturen herum einen weißen Rand stehen. Um den Mond anzudeuten, radierst du vorsichtig eine kreisförmige Fläche aus (siehe kleine Abbildung unten).

3 Hast du den Umriss aller drei Katzen gezeichnet, malst du das Fell der Katzen und die Muster unterschiedlich hell oder dunkel aus; man sagt: in verschiedenen Tonwerten. Dazu benutzt du ganz nach Bedarf weichere und härtere Bleistifte, drückst unterschiedlich stark auf oder zeichnest öfter übereinander.

4 Damit das fertige Kunstwerk nicht verwischt (was vor allem bei weichem Bleistift passieren kann), schützt du es, indem du aus einigem Abstand Fixativ oder Haarspray darüber sprühst. Lass dir dabei von einem Erwachsenen helfen.

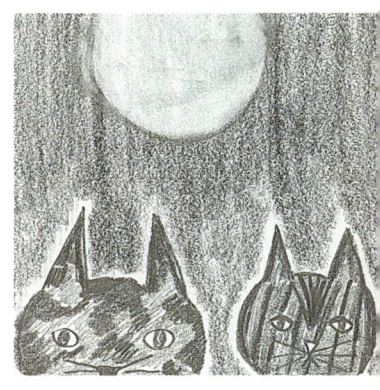

Die Traum-Reise um die Welt

Material:
- weißes Zeichenpapier (DIN-A4-Format)
- Farbstiftsortiment

Weitere Themenvorschläge:
- Unser Haus
- Beim Essen
- Mein Kindergarten
- Beim Drachensteigen
- Im Urlaub
- Im Schwimmbad
- Meine Schule
- Beim Spaziergang

EXTRA-TIPP:
Wünschst du dir Farbstifte, dann am besten eine Sorte von guter Qualität. Denn wenn die Minen bei jedem Stoß abbrechen, verlierst du schnell den Spaß am Zeichnen. Außerdem lassen sich billige Stifte, die aus minderwertigem Holz gemacht sind, nicht gut anspitzen.

Mit Farbstiften können Kinder ihren Drang zum erzählenden Zeichnen und Malen gut ausleben. Die große Farbauswahl regt zur bildnerischen Darstellung vieler Themen und Motive an. Die Stifte eignen sich auch für kleine Bildformate und um feine Details zu zeichnen.

Zum Vorlesen:

Maria und Elisabeth spielen im Garten. Da hören sie das laute Schnaufen und Pfeifen einer alten Dampflokomotive. Marias Onkel, der Lokführer, ruft aus dem Fenster der Lok: „Hallo, Maria und Elisabeth! Wollen wir mit der Lok um die Welt fahren?"

Maria und Elisabeth sind von dieser Idee hellauf begeistert. Schnell packt Maria Proviant in ihren Rucksack, dann geht die Reise schon los.

Zuerst kommen sie an einem Königsschloss vorbei, etwas später an einem großen Turm aus Stahl. „Wir sind in Paris; das ist der Eiffelturm!", erzählt ihnen der Onkel.

Und schon geht es weiter. Da sehen sie plötzlich ein Indianerdorf. „Wir sind jetzt in Amerika!", sagt der Onkel und lässt seine Lok zur Begrüßung laut pfeifen. Wieder fahren sie eine Weile. Was ist denn das für seltsames Tier neben dem Zug? Es hüpft auf den Hinterbeinen und trägt in seinem Bauchbeutel sein Junges spazieren. „Habt ihr schon mal Kängurus gesehen? Diese Tiere leben in Australien; das durchfahren wir gerade", sagt der Onkel.

Etwas später stoppt er an einer Straßenkreuzung und lässt einem ungewöhnlichen Karren auf drei Rädern die Vorfahrt. Ein Mann mit großem tellerförmigem Hut sitzt vorn wie auf einem Fahrrad. Von der überdachten Rückbank winkt ein kleiner Junge den drei Weltreisenden zu. „Das ist eine Rikscha, sie wird von den Chinesen wie ein Taxi benutzt", erklärt der Onkel und fährt weiter.

Nach einiger Zeit hält er wieder an: „So, Mädchen, hier machen wir eine Rast, denn meine Lok ist auch nicht mehr die Jüngste." Die inzwischen hungrigen Kinder holen sich etwas zu essen aus dem Rucksack. Als Maria gerade in ein Wurstbrot beißen will, fragt eine Giraffe durchs Zugfenster, ob sie auch ein Stück Brot haben könnte. Marias Onkel sagt erstaunt: „Ich wusste gar nicht, dass wir schon in Afrika sind!" Maria hält der Giraffe etwas Brot vor die Nase. Ganz vorsichtig knabbert die Giraffe es aus Marias Hand. „Das kitzelt ja!", kichert sie und zieht ihre Hand weg.

„Aufstehen, meine Kleine, es ist Zeit für den Kindergarten!", hört sie eine Stimme flüstern.

Als sie die Augen öffnet, sieht sie ihre Mama an ihrem Bett sitzen. „Hast du etwas Schönes geträumt?", fragt Marias Mutter. Und Maria erzählt von ihrer Weltreise.

So wird's gemacht:

1 Zeichne zuerst den Kreis für die Erdkugel aufs Papier, lass aber außen genug Platz frei. Setze dann Figuren und Gegenstände in den Kreis und male sie schön gleichmäßig aus. Dabei drehst du das Blatt ab und zu, damit die Figuren richtig platziert sind. Zeichne bei einigen Flächen verschiedene Farben übereinander, so entstehen schöne Mischungen.

2 Zeichne dann die Gegenstände und Figuren außen an die Erdkugel. Dabei drehst du das Papier wieder, sodass die Motive in der gewählten Lage erscheinen. Gib mit den Farbstiften auch Strukturen und Details wieder, wobei du das mit deutlichen Strichen tun solltest.

3 Wenn du willst, füllst du nicht nur die Weltkugel aus, sondern auch noch den Hintergrund. Führe die Farbstiftmine dazu flach über das Papier, damit die Zeichenspur breiter und das Ausmalen weniger zeitaufwändig wird. – Was hast du selbst auf deiner Traum-Reise erlebt?

Die Hutmännchen

Material:
* weißes Zeichen-
  papier
* Grundsortiment
  Filzstifte

Weitere
Themenvorschläge:
* Kleine Schlange
* Zaubertiere
* Farbenfresserchen
* Stoffmuster
* Einen Bilderrahmen
  gestalten
* Kissenparade
* Faschingskostüme
* Kleidermode

Filzstifte sind ideal für Kinder, die gerne Muster und Ornamente zeichnen, was häufig im Laufe der Schulzeit zu beobachten ist. Filzstifte eignen sich wegen ihrer leuchtenden Farben und des weichen Linienflusses besonders gut dafür.

Zum Vorlesen:

Es lebten einmal kleine Männchen in einem tiefen Wald. Sie trugen graue Hüte, die viel höher waren als sie selbst. Immer wenn sie auf die Blumenwiese kamen, seufzten sie ganz neidisch: „Ach, wenn unsere Hüte doch auch nur so viele Farben hätten wie die bunten Blumen!"

Eines Tages trafen sie auf der Blumenwiese junge Dinosaurier, die im hohen Gras herumtollten. Sie waren aber nicht grau, wie sie die Männchen bisher kannten, sondern wunderschön bunt gemustert. „Wie schön ihr ausseht! Woher habt ihr plötzlich diese Farbenpracht?", wollten die Männchen wissen.

„Kennt ihr den Zauberer Mustrimix?", fragten die Dinosaurier. „Er hat einen neuen Zauberspruch gefunden, mit dem er uns graue Dinosaurier bunt mustern konnte. Geht zu ihm – und eure Hüte werden auch so farbenprächtig."

Die Männchen waren ganz aufgeregt, denn sie kannten Mustrimix. Er war ein guter Zauberer, der mit seinem Zaubertrank und seinen Zaubersprüchen den Waldbewohnern stets half, wo immer er konnte. Also machten sich die Männchen mit ihren grauen Hüten sofort auf den Weg. Am nächsten Tag sah man sie zusammen mit den kleinen Dinos auf der Blumenwiese tanzen. Ihre riesigen Hüte waren jetzt genauso farbenprächtig wie die Blumen auf der Wiese.

So wird's gemacht:

1 Zeichne die Figuren und Hüte zuerst mit einer Filzstiftfarbe vor.

2 Fülle nun die Umrisse mit grafischen Mitteln aus, also mit Punkten, verschiedenen Linien und Flächen. Besonders schön wirkt das Muster, wenn du all diese Formen eng aneinander und gleichmäßig zeichnest. Das erfordert zwar etwas Zeit und Ausdauer, doch die Mühle lohnt sich.

3 Wer noch Lust hat, kann die letzten freien Flächen zwischen den Mustern mit einer einzigen Filzstiftfarbe ausmalen. – Schaust du dir die Beispiele (auch auf Seite 35 und 38) an, erkennst du, dass die Kinder, die hier gezeichnet haben, unterschiedlich alt und geübt waren.

EXTRA-TIPP:
Malst du flächige Muster mit wasservermalbaren Filzstiften aus und streichst du mit einem nassen Pinsel darüber, entstehen interessante Strukturen und Farbverläufe. Diese Technik eignet sich aber eher für großflächige Motive.

Meine Familie

Wasservermalbare Farbstifte oder Aquarellfarbstifte schaffen eine Verbindung zwischen dem Zeichnen und Malen. Beim Übermalen der trockenen Farbstiftzeichnung mit wassernassem Pinsel lösen sich die Farbpigmente an: Es entsteht eine eigene, dem Aquarell verwandte Wirkung.

Material:
- **gutes weißes Malpapier**
- **wasservermalbare Farbstifte (Aquarellfarbstifte)**
- **Haarpinsel Nr. 6**
- **Wasserglas**
- **Lappen**
- **Malerkittel**
- **Zeitungspapier als Unterlage**

Weitere Themenvorschläge:
- **Mein schönstes Kleid**
- **Blumenwiese**
- **Lagerfeuer**
- **Kasperl**

EXTRA-TIPP:
Hier noch eine andere Technik für vermalbare Farbstifte: Feuchte zu Beginn das Papier mit wassernassem Pinsel an. Erst dann zeichnest du mit den vermalbaren Stiften hinein. Die anfangs klare Spur löst sich auf, die Farbe verschwimmt und es entstehen fließende Ränder.

Zum Vorlesen:

Anna sitzt zusammen mit ihrem Bruder Max und ihren Eltern am Mittagstisch. „Nächste Woche feiert eure Oma Geburtstag, Kinder. Da müssen wir uns noch ein schönes Geschenk für sie einfallen lassen. Wie wäre es, wenn wir beim Fotografen ein Familienfoto machen lassen?"
Von dieser Idee sind alle begeistert. Am nächsten Tag ziehen sie sich ihre schönste Kleidung an und machen sich auf den Weg. Max lässt sich sogar noch vor dem Fotografieren ohne zu meckern kämmen, was er sonst nur sehr ungern über sich ergehen lässt. Der Fotograf gibt sich mit den Bildern sehr viel Mühe. „So das wär's", sagt er. „In drei Tagen können Sie die fertigen Fotoabzüge abholen."
Auf dem Nachhauseweg überlegt sich Anna: „Heute Nachmittag könnte ich doch ein Familienbild für die Oma malen. Dann haben wir noch ein Geschenk mehr für sie!" „Das wäre ja ganz prima", sagt Mutter. Und Anna fügt hinzu: „Und außerdem können wir das Familienbild sofort betrachten und müssen nicht noch ein paar Tage warten."

So wird's gemacht:

1 Zeichne die Gesichter der Familienmitglieder möglichst genau und mit vielen Einzelheiten mit wasservermalbaren Farbstiften auf das Blatt. Dabei solltest du die einzelnen Linien ruhig öfter mit etwas Druck kräftig nachziehen, damit ein satter Farbauftrag erreicht wird. Denn dann funktioniert das anschließende Vermalen viel besser.

2 Nun tauchst du einen Pinsel in Wasser und streichst mit ihm über diese Farblinien und -flächen. Beobachte, wie sich die scharfen Konturen auflösen und die feuchten Flächen einfärben. Es entstehen fließende Übergänge und weiche Konturen, also eine malerische Wirkung. Durch Abstreifen des Pinsels am Wasserglas oder am Lappen kannst du steuern, ob die Farben mehr oder weniger verfließen sollen. Wenn du mehrmals über die Linien streichst und den Pinsel immer wieder ausspülst, wird die Farbe immer blasser.

Farbenfresserchen

Material:
- **gutes weißes Malpapier (im Block verleimt)**
- **Ölpastellkreiden (evtl. Neontöne)**
- **evtl. schwarzer Filzstift**
- **Lappen**
- **Malerkittel**
- **Zeitungspapier als Unterlage**

Weitere Themenvorschläge:
- **Frühlingswiese**
- **Sonnenrad**
- **Schmetterlingstanz**
- **Schlaraffenland**
- **Zauberwald**
- **Farbkleckse gehen spazieren**

Ölpastellkreiden motivieren selbst solche Kinder zu kreativem Tun, die sonst wenig Zugang zum Malen und Zeichnen haben. Der weiche Farbauftrag dieser Kreiden und die zahlreichen Anwendungsmöglichkeiten regen die Fantasie an.

Zum Vorlesen:

Das Malen und Zeichnen mit verschiedensten Farbstiften und Kreiden macht Anna und Bernhard sehr viel Spaß. Ihr Tatendrang lässt aber spätestens beim Aufräumen der Materialien spürbar nach.

Als sie wieder einmal ihre Farbstifte im Kinderzimmer liegen gelassen hatten, schlich sich nachts, als alle fest schliefen, das Farbenfresserchen ins Kinderzimmer. Dieses kleine, bunte Männchen hat einen Riesenappetit auf Farben aller Art. Besonders Ölkreiden liebt es; aber auch herumliegende Farbstifte, Wachsmalkreiden, Filzstifte und Bleistifte verspeist es mit Genuss.

Am nächsten Morgen wundern sich die Kinder, dass einige Farben und Stifte verschwunden sind: „Wo ist mein blauer Filzstift?", ruft Anna. „Mein roter Lieblingsfarbstift ist auch weg!", empört sich Bernhard.

Als Mutter das Kinderzimmer betritt, entdeckt sie auf dem Tisch neben dem Farbkasten Fußabdrücke, so klein wie ein Fingernagel: „Seht her, Kinder! Das Farbenfresserchen war heute Nacht hier. Es stieg aus

Versehen in einen Farbnapf und hinterließ diese Spuren. Tja, wer seine Malsachen nicht aufräumt, hat am Morgen weniger Stifte und Farben!" Die Kinder beschließen, in Zukunft ihre Zeichen- und Malsachen immer in einer geschlossenen Schachtel aufzubewahren. Das Farbenfresserchen kann dann keine Farbstifte mehr stibitzen. Und aufgeräumt ist es im Zimmer dann auch wieder.

EXTRA-TIPP:
Möchtest du kleinste Reststücke und Krümel der Ölpastellkreiden aufbrauchen? Streiche sie mit den Fingern als Fleck aufs Papier und verwische sie in alle Richtungen. Mit schwarzem Filzstift zauberst du daraus lustige Fantasietiere (siehe kleine Abbildungen).

So wird's gemacht:

1 Lege das Papier vor dich, ohne das Blatt aus dem Block herauszutrennen, damit es später beim Verwischen der Farben nicht verrutscht und knickt.

2 Zeichne mit Ölpastellkreide zuerst den Umriss des Farbenfresserchens. Da es sehr hungrig ist, braucht es einen dicken Bauch und einen großen Schnabel!

3 Fülle es dann bunt aus. Damit die Farbe kräftig leuchtet, malst du sie dick und deckend auf.

4 Jetzt verwischst du die Farbe im Bauch mit den Fingern und einem Zipfel des Lappens. Dabei entstehen schöne Mischtöne und Strukturen.

5 Zum Schluss hebst du Einzelheiten wie Schnabel, Zehen oder Augen mit dunkler Kreide hervor.

Tanz der Farben und Formen

Pastellkreiden mit ihrem hohen Anteil an Farbpigmenten sind empfindlich und brechen leicht ab. Deswegen sind diese wunderbaren Farben eher für ältere Kinder zu empfehlen, die in ihrer Motorik schon gefestigt sind. Sie können solche Kreiden übrigens auch einzeln kaufen.

Zum Vorlesen:

Melina hat eine besondere Vorliebe. Am liebsten kritzelt sie herum und entwirft abstrakte Formen. Kein Blatt Papier ist vor ihr sicher, manchmal zeichnet und malt sie sogar auf dem Telefonbuch herum. Davon ist ihre Mutter natürlich nicht begeistert.

Heute hat Melina ganz in Gedanken versunken einfach einige Linien und Kreise mit einem Stück Pastellkreide gezeichnet und so miteinander verbunden, dass auf einmal ein schönes Bild entstanden ist. Ganz aufgeregt holt sie weitere Pastellkreiden und malt die Formen farbig aus.

Das fertige Werk zeigt sie stolz ihrer Mutter. „Es ist ganz einfach", ruft Melina. „Ich probiere sofort ein neues Bild!" Mutter antwortet: „Prima! Vielleicht sind dann endlich meine Bücher vor dir sicher!"

So wird's gemacht:

1 Lege das Papier (es darf nicht glatt sein!) senkrecht vor dich hin. Mit ein paar senkrechten geschwungenen Linien teilst du die Fläche zuerst ein.

Dabei beginnen und enden alle Linien jeweils am Blattrand. Zwischen diese Linien zeichnest du Kreise, ganz verteilt im Bild.

2 Mit dem Finger verwischst du nun vorsichtig die Konturen. Kommen dadurch zwei verschiedenfarbige Pastellkreiden zusammen, entstehen aus ihnen Mischfarben.

3 Fülle die restlichen Flächen mit tanzenden Farben und Formen und verwische den Farbauftrag wieder. Zwischendurch putzt du die Finger öfter an einem feuchten Lappen ab, damit du deine Farben nicht aus Versehen verschmierst.

4 Damit die Kreide des fertigen Bildes besser am Papier haften bleibt, besprühst du das Bild im Abstand von ca. 30 cm kurz mit Fixativ oder Haarspray; lass dir dabei von einem Erwachsenen helfen. Die Farben werden dadurch meistens etwas dunkler. Wie die Beispiele zeigen, wirkt es schön, wenn du nur wenige Farben gleichzeitig in einem Bild verwendest.

HAST DU DAS GEWUSST?
Bitte einen Erwachsenen, dir Bilder von Paul Klee (1879–1940) zu zeigen. Er beherrschte das Spiel mit Farben und Formen hervorragend und zählt neben Wassily Kandinsky (1866–1944) zu den bekanntesten Vertretern der so genannten „abstrakten" Kunst, bei der das Abbilden von Gegenständen unwichtig ist. Im Gegensatz zu heute war das früher in der Kunst undenkbar.

WASSERLÖSLICHE FARBEN

Die flüssigen wasserlöslichen Farben haben auf Kinder eine faszinierende Wirkung. Sie lassen sich mit dem Pinsel linear oder flächig auftragen, auch mit den Fingern oder – je nach Konsistenz – durch Drucken, Tupfen, Spritzen, Spachteln, Verpusten oder auf andere Weise. Wie schön ist es für Kinder, ihre Spuren und Striche damit zu ziehen! Zuzuschauen, wie zwei Farbkleckse ineinanderlaufen, wie neue Farbtöne und Stimmungen entstehen! Die zahlreichen Techniken motivieren die Kinder und helfen, ihre Kreativität zu entfalten. Sie sollten deshalb viel Freiraum zum Experimentieren und für intensive Materialerfahrungen bekommen. So werden neben den bildnerischen Fähigkeiten ebenso Pinselhandhabung, die Auge-Hand-Koordination und die allgemeine Bewegungsmotorik weiterentwickelt. Wichtig ist aber, dass der Arbeitsplatz des Kindes so „kleckerfreundlich" präpariert ist, dass es nicht ständig durch Ermahnungen unterbrochen wird. Passiert aber doch einmal ein Unglück: Wasserlösliche Farben lassen sich leichter entfernen als solche, die wasserfest auftrocknen.

Kleine Materialkunde

Wasserlösliche flüssige Farben gibt es für verschiedene Verwendungszwecke und Altersstufen. Alle zeichnen sich dadurch aus, dass sie mit Wasser verdünnbar sind und sich nach dem Trocknen wieder mit Wasser anlösen lassen. Wählen Sie stets Qualitätsprodukte, deren Eignung für Kinder sichergestellt ist. Ältere Kinder können durchaus auch einmal hochwertigere Künstlerprodukte ausprobieren.

Fingerfarben

Diese dickflüssigen Farben werden in Pulverform oder fertig angerührt in Kunststoffflaschen oder -töpfchen angeboten und eignen sich aufgrund ihrer Konsistenz hervorragend zum Vermalen mit den Fingern, dem Pinsel oder dem Schwamm. Gerade kleinen Kindern wird damit ein schöner Weg in die Welt der Flüssigfarben geebnet. Die Farben sind untereinander mischbar, gut deckend und günstig für großflächiges Arbeiten. Manchmal ist ihnen ein Bitterstoff zugesetzt, damit kleine Kinder die (gesundheitlich unbedenklichen) Faben nicht zu sich nehmen.

Deckfarben

Zu den verbreitetsten Farben gehören sicher die Deckfarben in Schul- oder Studienqualität. Im Gegensatz zu manchen Künstlerfarben enthalten sie keine giftigen Stoffe. Auf gesundheitliche Unbedenklichkeit und eine ordentliche Qualität sollte beim Kauf trotzdem auf jeden Fall geachtet werden.

Deckfarben enthalten im Vergleich zu Aquarellfarben weniger Bindemittel und Farbpigmente, dafür sind sie mit Füllstoffen, beispielsweise mit Weißpigmenten versetzt, die ihnen ihre Deckkraft verleihen. Es ist aber normal, dass einige Töne eine bessere Deckkraft besitzen als andere.

Deckfarben werden vor allem in Farbkästen angeboten. Die qualitativ guten Schulmalkästen sind meist mit 12 verschiedenfarbigen Farbnäpfen und einer Tube Deckweiß ausgestattet. Diese Farben können, mit viel Wasser angerührt, auch transparent aufgetragen werden. Nach dem Trocknen sind sie wischfest und können übermalt werden. Tempera- und Gouachefarben zählen ebenso zur Gruppe der Deckfarben. Der Vogel links besteht auch aus Deckfarben.

Temperafarben

Temperafarbe ist aufgrund der großen Anzahl von Farbpigmenten und stark haftenden Bindemitteln besonders gut deckend und zeichnet sich durch eine hohe Leuchtkraft aus.

Diese Farbe trocknet schnell und lässt sich gut mit anderen Farbtönen mischen. Sie ist preisgünstig und ergiebig, also ein ideales Produkt für malende Kinder. Temperafarbe wird in unterschiedlichen Aufmachungen angeboten: in pulveriger Form zum Selbstanrühren mit Wasser, als Paste in Kunststoffbehältern oder Tuben, flüssig in Kunststoffflaschen oder als Block (Tablette, Puck) in Kunststoffpaletten oder -tabletts. Diese „Schultemperafarbe" ist jedoch von der echten Künstler-Ei-Temperafarbe zu unterscheiden. – Das Männchen oben ist mit Temperafarben gemalt.

Gouachefarben

Gouache ist eigentlich eine international gebräuchliche Bezeichnung für Temperafarbe. Meistens werden hochwertige Künstlerfarben auf diese Weise bezeichnet, die aber gleich um ein Vielfaches teurer sind. Es handelt sich also auch um Deckfarben, die es in Tuben oder Kunststoffflaschen zu kaufen gibt. Alle Farbtöne sind untereinander mischbar und trocknen matt auf. Der Tonwert wird beim Trocknen nur geringfügig heller. Auch diese Farbe kann gut deckend, aber verdünnt auch transparent aufgetragen werden.

Aquarellfarben

Aquarellfarben enthalten einen hohen Anteil an Bindemitteln und feinstvermahlenen Farbpigmenten, dafür aber keine Füllstoffe, da sie nicht decken sollen. Ihre vorrangige Eigenschaft ist also die zarte Transparenz, die vor allem beim lasierenden Übereinandermalen sichtbar wird (nach dem Trocknen der unteren Schichten). Diese Farben werden in Tuben und preisgünstig als Aquarell-Schulmalkästen angeboten. Auch hier gibt es zusätzlich hochwertige Künstlerfarben, die entsprechend mehr kosten.

Gel-artige Farben

Solche dickflüssigen, transparenten Farben speziell für Kinder erfreuen sich offensichtlich immer größerer Beliebtheit. Sie sind unter verschiedenen Bezeichnungen im Handel anzutreffen (AquaMagic, Cromarfarbe, Fenstermalfarbe, Paint'n Peel Fenstermalgel und so weiter). Sie haften nicht nur auf Papier, sondern auch auf Glas oder Folien, wo sie wegen ihrer Transparenz besonders gut zur Geltung kommen.

Von glatten Flächen, beispielsweise von Fensterscheiben, lassen sie sich nach einigen Stunden wie eine Folie abziehen und woanders wieder anbringen. Die Farbe glänzt auch noch nach dem Trocknen und läuft nicht auseinander; benachbarte noch flüssige Farben vermischen sich nicht. Selbst mit einfachen Techniken und Experimenten werden erstaunliche Ergebnisse erzielt. – Der sich spiegelnde Elefant ist im Abklatschverfahren mit solchen Farben entstanden (siehe auch Seite 64/65).

Papier

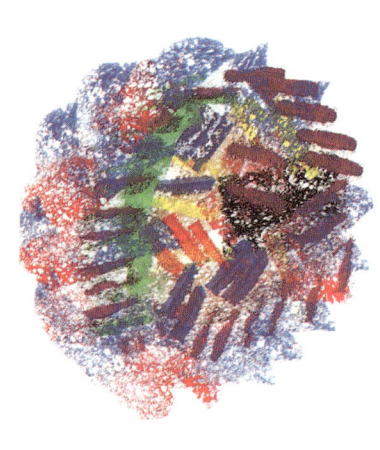

Für alle Arbeiten mit wasserlöslichen Farben ist gutes festes Malpapier geeignet. Je dünner das Papier ist, desto eher reißt es ein oder wellt sich.

Zum Experimentieren eignen sich neben Packpapier, Computerpapier und Saugpostpapier auch Tapetenreste, da diese Papiere Feuchtigkeit gut aufnehmen. Neben den billigeren Sorten zum Ausprobieren sollte dem Kind zeitweise auch dickes Zeichen- oder Aquarellpapier angeboten werden, das der Fachhandel in verschiedenen Qualitäten anbietet. Diese Papiere halten länger und wellen sich weniger, zudem lernt das Kind Material- und Qualitätsunterschiede kennen. Gute Malblöcke sind meist rundum verleimt. Dadurch glättet sich das Papier nach dem Trocknen von selbst wieder.

Es empfiehlt sich, einen Grundvorrat an verschiedenen Papieren anzulegen. Durch die Verwendung von rauen, glatten oder bedruckten Papieren kann der gestalterische Spielraum abwechslungsreich erweitert werden. Das spornt die Kinder zum Ausprobieren an.

Andere Malgründe sind, wie in den einzelnen Abschnitten angedeutet, ebenfalls geeignet. Beachten Sie auch die Angaben der jeweiligen Farbenhersteller.

Pinsel

Achten Sie bei der Anschaffung von Pinseln auf gute Qualität. Der Kauf lohnt sich, wenn einige Grundregeln beachtet werden, damit ihre Langlebigkeit zum Tragen kommt: Nach dem Gebrauch den Pinsel sofort auswaschen und mit der Pinselspitze, die in Form gebracht wurde, nach oben in einen Behälter stellen oder noch besser auf ein Tuch legen. Wird der Pinsel im Wasser stehen gelassen, quillt der Holzstiel auf und dehnt die Blech-

zwinge, durch die die Pinselhaare zusammengehalten werden. Der Stiel schrumpft beim Trocknen wieder ein, die Zwinge sitzt nun zu locker und die Pinselhaare fallen aus.

Für kleinere, ungeübte Kinder eignen sich dickere Borstenpinsel mit langem Stiel, die sehr widerstandsfähig sind. Die Borsten sind flach gebunden und gerade geschnitten. Für kleinflächige Farbaufträge sind Haarpinsel mit einer feinen Pinselspitze gut geeignet. Rotmarder- oder Dachshaarpinsel sind von hervorragender Qualität, billiger und ebenso von ordentlicher Qualität sind Mischhaaroder Synthetikpinsel. Bieten sie neben Pinseln auch Schwämme, Spachtel oder Walzen zum Auftragen der Farbe an. – Das gezeigte Farbexperiment links war eine Vorbereitung für die Aufgabe von Seite 70/71.

Arbeitsplatz

Es empfiehlt sich, den Arbeitsplatz mit alten Decken, Wachstüchern oder ausgedienten Zeitungen großzügig abzudecken. Zum Schutz der Kleidung ist hier ein Malerkittel oder ein altes Hemd besonders wichtig.

Günstig ist es, in der Nähe eines Waschbeckens zu arbeiten, damit ohne lange Wege zwischendurch verschmutztes Wasser ausgetauscht und Pinsel gereinigt werden können. Denn nur so behalten die Farben am ehesten ihre ursprüngliche Reinheit. Ebenso nützlich für viele Techniken sind ein Eimer Wasser sowie ein Lappen, Schwamm oder Papierhandtücher in greifbarer Nähe. Gesammelte Gläser mit Schraubdeckeln, zum Beispiel von Babynahrung, eignen sich zum Aufbewahren von angerührten Farbresten sehr gut.

Ein bunter Sommertag

Material:
- **festes Zeichen-papier, Tapetenreste oder Packpapier in größeren Formaten**
- **Fingerfarben**
- **Mischpalette**
- **Wasserglas**
- **Lappen**
- **Malerkittel**
- **Abdeckung für Tisch oder Boden**
- **Papierklebeband**

Weitere Themenvorschläge:
- **Schmetterling**
- **Zaubervogel**
- **Dinosaurier**
- **Kakteenlandschaft**
- **Pfau**
- **Bäume**
- **Fabelwesen**
- **Hexentanz**

Fingerfarben – wie herrlich ist es für Kinder, diese Farben mit der Hand großflächig über das Papier zu streichen, das Material zu spüren und frei seine Spuren zu hinterlassen! Manche Kinder haben anfangs etwas Scheu vor dem direkten Farbkontakt, sie sollten aber dazu ermutigt werden. Meist sind diese Kinder mit Begeisterung dabei, wenn sie gesehen haben, wie problemlos die Farbe mit Seife von den Händen abgeht.

Zum Vorlesen:

Franziska langweilt sich. Es ist ein grauer Regentag. Alles sieht unfreundlich und trüb aus. Franziska hat schlechte Laune, bis ihr eine Idee kommt: „Ich male mir einfach einen bunten Sommertag!"
Voller Begeisterung beginnt sie und vergisst dabei völlig das schlechte Wetter. In ihrem Bild gibt es bunte, leuchtende Blumen, Schmetterlinge, eine strahlend gelbe Sonne und blauen Himmel. Ein Sommertag also, wie man ihn sich wünscht.

So wird's gemacht:

1 Bitte einen Erwachsenen, aus einem Vorrat an Fingerfarben etwas auf eine Mischpalette zu geben, damit du sie übersichtlich vor dir hast und direkt von dort mit den Fingern aufnehmen kannst. Auch sollte das Papier auf dem zuvor geschützten Tisch oder Boden mit Klebeband befestigt sein, damit es nicht verrutscht. Möchtest du zum Beispiel auf der Terrasse malen, können ein paar Steine das Bild an den Ecken beschweren.

2 Nun trau dich und nimm dir viel Zeit, um auf dem Papierbogen zu experimentieren und das Material kennen zu lernen. Nutze die ganze Fläche aus, wenn du die Farben aufträgst, sie mischst und wenn du Muster und Strukturen ausprobierst. Du darfst auch mit beiden Händen gleichzeitig frei malen. Da entstehen viele rhythmische Linien und Formen, Handabdrücke und fantasievolle Farbgebilde.

3 Zwischendurch putzt du dir ab und zu die Hände mit einem feuchten Lappen ab; das genügt, damit die Farben schön leuchtend bleiben und durch zu viel Farbgemisch nicht trübe werden wie ein Regentag. Zum richtigen Säubern der Hände ist nach der Malerei genügend Zeit.

4 Ist bei deiner freien Malerei und beim Ausprobieren vielleicht eine gegenständliche Form entstanden? Ein Mensch, eine Blume, ein Tier oder etwas ganz anderes, was du gern zeigen wolltest?

5 Wenn du willst, lässt du dir einen neuen großen Papierbogen aufkleben. Stell dir dann einen wunderschönen Sommertag vor: mit blühenden Blumen, Schmetterlingen, Vögeln, einem blauen Himmel und der Sonne, vielleicht einem Teich.

Kannst du den Sommer malen? Die drei Abbildungen zeigen, wie es anderen Kindern besonders die Blumen angetan haben. Bei der Sonnenblume links wurden Stängel und Blätter zusätzlich mit einem Filzstift umrandet.

EXTRA-TIPP:
Wie fühlt sich das Malen auf verschieden strukturierten Papieren an? Taste einmal – ist es rau, glatt oder körnig? Auch wenn du die Farbe mit etwas Sand vermischst, ist das beim Malen ein lustiges Gefühl. Hast du dann noch eine schöne Musikbegleitung, kannst du sogar tanzend malen!

Der verblüffte Elefant

Dickflüssige, gel-artige Farben eignen sich noch etwas besser als Tusche oder Deckfarben für die hier gezeigte Abklatschtechnik. Mit ihnen sind die Zufallsergebnisse besser zu steuern. Weil diese Farben kaum verfließen, sind auch gegenständliche und figürliche Darstellungen planbar.

Material:
- festes weißes Zeichenpapier (mind. DIN-A 4-Format)
- gel-artige Farben
- Borstenpinsel
- Wasserglas
- Lappen
- Malerkittel
- Zeitungen als Unterlage

Weitere Themenvorschläge:
- Fabelwesen
- Fantasiegebilde
- Tiere
- Mein Spielgefährte
- Meine Zwillingsschwester

HAST DU DAS GEWUSST?
Diese Technik zählt zu den Zufallstechniken und ist auch als Faltdruck, Klappbildtechnik oder Klecksographie bekannt.

Zum Vorlesen:

Dem kleinen Zirkuselefanten Leopold ist es heute furchtbar langweilig. Deshalb beschließt er, von zu Hause auszureißen und zum ersten Mal allein in der Stadt spazieren zu gehen.
Er kommt an einem Schaufenster vorbei, in dem ein großer Spiegel steht. Verblüfft hält er an. „Wer bist du denn?", fragt Leopold sein Gegenüber im Spiegel. Er bekommt keine Antwort, aber jede seiner Bewegungen macht der Elefant im Spiegel nach.
Das ärgert ihn ein bisschen und er sagt: „Nun schau mal her, kannst du das auch?" Er macht die tollsten Kunststücke, die er im Zirkus gelernt hat. Aber sobald er nur zum Kopfstand ansetzt, tut der Elefant im Schaufensterspiegel genau dasselbe. Da hört er hinter sich das kleine Zirkusmädchen Corinna, das ihn schon gesucht hat, lachend sagen: „Aber Leopold, das ist doch nur dein eigenes Spiegelbild im Schaufenster! Komm mit, wir wollen vor dem Zirkuszelt noch ein wenig spielen!"
Leopold verabschiedet sich noch kurz von seinem Spiegelbild und stapft vergnügt hinter Corinna her.

So wird's gemacht:

1 Falte das Papier in der Mitte zusammen und wieder auseinander. Nun male auf eine Papierhälfte den Kopf und Rüssel des Elefanten. Damit die Farbe für beide Seiten reicht, rührst du sie nur mit wenig Wasser an und trägst sie üppig auf.

2 Jetzt klappst du das Blatt wieder zusammen, streichst mit der Hand darüber und ziehst es langsam wieder auseinander: Schon hast du einen Abdruck (Abklatsch) erzeugt.

3 So baust du Leopold nach und nach auf. Weil gel-artige Farben nicht verfließen, sondern sich überlagern lassen, sind viele Schichten und Korrekturen möglich. Zwischendurch faltest du das Zeichenblatt immer wieder zusammen, streichst darüber und ziehst es auseinander.

4 Zum Schluss malst du den Hintergrund mit heller Farbe auf eine Bildhälfte und klappst es ein letztes Mal zusammen. Nach dem Darüberstreichen und Aufziehen ist das Kunstwerk fertig!

Das fröhliche Wasserfest

Material:

- gutes Malpapier (möglichst ein rundum verleimter Aquarellblock)
- Aquarellfarbkasten
- Haarpinsel
- Wasserglas
- Lappen
- Schwamm
- Malerkittel
- Papierklebeband
- Hartfaserplatte (etwas größer als das Zeichenpapier)

Weitere Themenvorschläge:

- Schatzhöhle
- Wolkenschloss
- Regenbogen
- Gewitterstimmung
- Farbteufelchen
- Frühlingsblumen
- Sommerblumen
- Am Morgen
- Am Abend

Mit Aquarellfarben kann man auf trockenem, aber auch auf feuchtem Papier malen. Bei dieser klassischen Nass-in-Nass-Technik beobachten selbst jüngere Kinder fasziniert das Fließen der Farben, die sanften Übergänge zwischen den Farben und die verschwimmenden Formen. Kinder geben sich diesem Malgeschehen ganz unbefangen hin: vor allem, wenn kleine Geschichten die abstrakten Farben mit Leben füllen.

Zum Vorlesen:

Das Wasser möchte zum Geburtstag all seine Freunde, die Farben, zum Schwimmen einladen. Doch Mama ist nicht begeistert: „Wirklich alle Farben? Findest du nicht, dass drei erst einmal genügen?" So schreibt das Wasser seine Einladungskarten nur an Rot, Gelb und Blau. Aber: Es hat schon eine Idee!

Das Geburtstagsfest beginnt. Da fragt das Wasser die Gäste: „Wisst Ihr, dass ich zaubern kann? Schaut her: Rot und Blau, kommt her zu mir!" Kaum treffen sich die drei, entsteht plötzlich zwischen ihnen eine neue Farbe: Violett!

Gelb und Blau wollen nun Blindekuh im Schwimmbecken spielen. Doch kaum berühren sie sich, bildet sich eine neue Farbe: Grün!

Rot möchte gern mit Gelb herumtollen. Es schwimmt näher, stupst es an und ruft plötzlich erstaunt: „He, Orange, wo kommst du denn her?"

Das Wasser, das sich alles ausgedacht hatte, freut sich riesig: Nun sind doch sechs Freunde da. Und es

werden mit diesem Trick immer mehr. Vergnügt tanzen sie und haben Spaß an ihrem bunten Farbenspiel.

Dabei hatten sie gar nicht bemerkt, dass sie ein kleiner Stern vom hellen Himmel aus beobachtete. Jetzt aber, als das fröhliche Wasserfest zu Ende geht und das Himmelsblau immer dunkler wird, entdecken sie den leuchtend gelben Stern, der sie auf ihrem Heimweg begleitet.

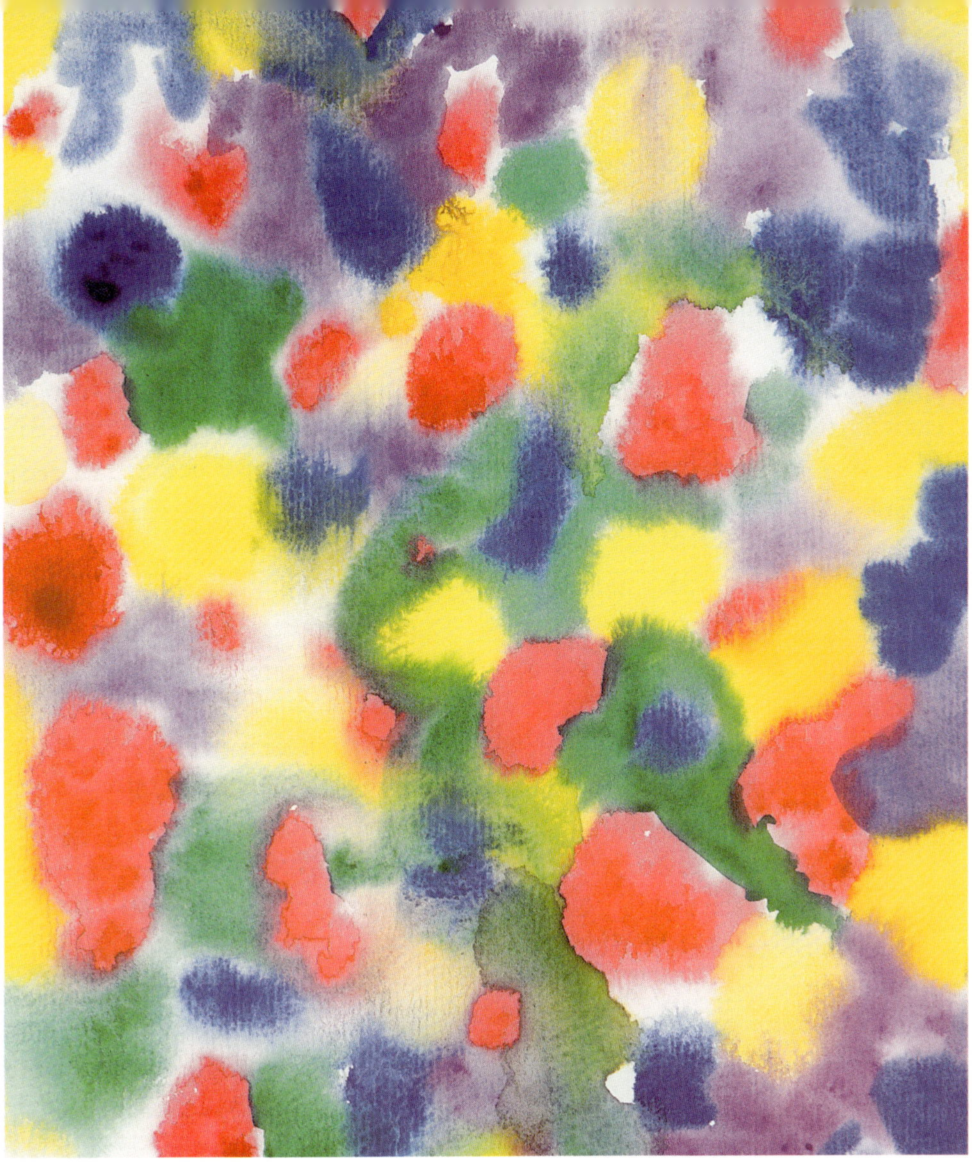

HAST DU DAS GEWUSST?
Betrachte einmal Aquarellbilder in Kunstbüchern oder Kalendern. Große Meister des Aquarells waren Künstler wie zum Beispiel Wassily Kandinsky (1866–1944), August Macke (1887–1914) oder Paul Klee (1879–1940). Albrecht Dürer (1471–1528) verwendete schon die Techniken der Aquarellmalerei für seine Kunstwerke, obwohl diese Werke von ihm lange Zeit nicht bekannt waren.

So wird's gemacht:

1 Damit das Wasser das Papier nicht wellt, nimmst du am besten einen rundum verleimten Aquarellmalblock. Sonst klebst du dein Blatt an den Kanten mit Papierklebeband auf eine Hartfaserplatte.

2 Befeuchte das Papier mit dem Schwamm gleichmäßig mit Wasser. Dabei sollten keine Pfützen stehen bleiben, sonst sammelt sich die Farbe später darin. Ist das der Fall, hast du deine experimentelle Malerei nicht gut unter Kontrolle.

3 Mit dem Pinsel tupfst du zuerst zwei, dann weitere Farben und Formen mit etwas Abstand auf das feuchte Papier. Die Farbe sucht sich selbst ihren Weg, breitet sich nach allen Seiten aus und vermischt sich mit den Nachbarfarben. Das Bild verändert sich weiter, bis es ganz trocken ist. Solche zarten Farbgebilde sind anders kaum zu erzeugen.

4 Das Bild sollte an Ort und Stelle liegend trocknen. Wird es direkt nach dem Malen transportiert, können sich die Farbverläufe ändern.

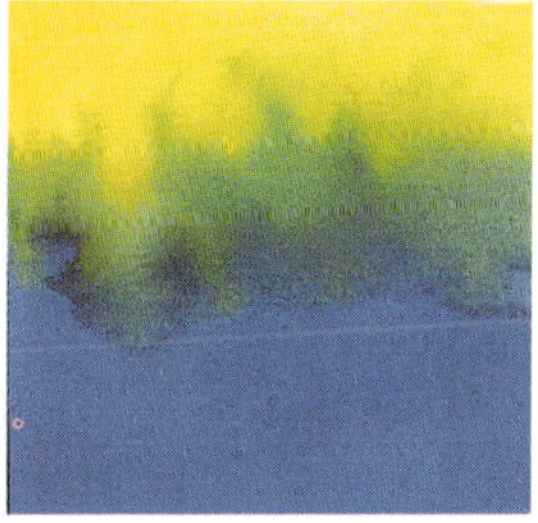

Farbenmännchen

Material:

- **Aquarellpapier oder festes Zeichenpapier (DIN-A4-Format)**
- **wasserfester schwarzer Filzstift**
- **Aquarellfarben**
- **Haarpinsel Nr. 10**
- **Wasserglas**
- **Lappen**
- **Malerkittel**
- **Zeitungspapier als Unterlage**

Weitere Themenvorschläge:

- **Zauberer**
- **Clown**
- **Feen**
- **Wassergeister**
- **Luftballonverkäufer**
- **Bonbons**

Wenn die Kinder etwas Übung im Umgang mit Aquarellfarben haben, macht ihnen dieses Malthema bestimmt viel Freude. Dabei lernen sie, den fließenden Farbauftrag auf eine bestimmte Fläche zu begrenzen, was hier durch nur teilweises Anfeuchten des Untergrundes gesteuert wird.

Zum Vorlesen:

Ich bin ein farbloser Filzstiftmann
und hätt' gern schöne Kleider an.
Farbe und Wasser zaubern mir
bunte Kleider aufs Papier!
Fröhlich bekleidet stehe ich dann hier
und danke dir für diese Zier.

So wird's gemacht:

1 Zeichne mit schwarzem Filzstift nur die Umrisse der Figur auf das Blatt; lass diese Linien trocknen.

2 Damit die Aquarellfarbe später nicht unbegrenzt zerfließt, bestreichst du nur einzelne Flächen mit Wasser, zum Beispiel Bauch oder Arme.

3 Nimm danach mit dem Pinsel Aquarellfarbe auf und tupfe sie aufs feuchte Papier. Du kannst beobachten, dass sie nur in den Flächen schön fließt, die du vorher nass gemacht hast.

4 Sobald das Bild getrocknet ist, zeichnest du der Figur noch ein lustiges Gesicht auf. Mit dieser Technik kannst du auch nette Einladungs- oder Glückwunschkarten herstellen.

EXTRA-TIPP:
Wer seine Figuren ausschneidet und auf farblich passendes Tonpapier klebt, kann eine ganze Gruppe oder Familie zusammenstellen.

Beim Frisör

Gouachefarben oder andere Farben mit cremiger Konsistenz sind ideal, wenn man die Kinder ermutigen möchte, die Farben einmal anders aufzutragen. Nicht nur Pinsel eignen sich als Werkzeug, sondern zum Beispiel auch Schwämme oder Spachtel. Solche neuen Materialerfahrungen inspirieren das Kind auch häufig zu eigenen Bildideen.

Material:
- gutes Malpapier
- Gouachefarbe (Tube) oder andere cremige Farbe
- Schwämme
- Spachtel, Kartonreste oder Teigschaber
- Schere
- Borstenpinsel Nr. 14
- Mischpalette
- Wasserglas
- Lappen
- Malerkittel
- Zeitungspapier als Unterlage

Weitere Themenvorschläge:
- Landschaft
- Blumenstrauß
- Schafherde
- Igelfamilie
- Vogel mit buntem Federkleid

Zum Vorlesen:

Ina und Nils treffen sich beim Frisör. „Hat dich auch deine Mama geschickt?", fragt Nils. „Ja", meint Ina. „Ich gehe zwar nicht so gern, aber ich kann fast nicht mehr aus den Augen sehen". Und sie deutet dabei auf ihren wilden Lockenkopf.
Nils wünscht sich eine bestimmte Frisur: Alle Haare sollen mit Gel nach oben stehen! „Das ist gerade sehr modern", beteuert Nils!
Nachdem der Frisör ihre Haare geschnitten hat, schauen die beiden zufrieden in den Spiegel. Das ruhige Sitzen auf dem Frisörstuhl ist zwar recht langweilig, aber es hat sich gelohnt. Meint ihr nicht auch?

So wird's gemacht:

1 Hast du keinen Spachtel oder Teigschaber, schneidest du dir verschiedene breite Pappstreifen zu. Sie lösen sich zwar nach längerem Gebrauch auf, sind aber leicht zu ersetzen.

2 Zum Ausprobieren rührst du Gouachefarbe in der Palette mit nur wenig Wasser an, damit sie cremig bleibt. Nimm die Farbe mit dem Spachtel auf und streiche sie aufs Papier. Reizvoll wirkt es, wenn du mehrere Farben übereinander schichtest.

3 Tupfe jetzt einen Schwamm zur Probe in die Farbe und dann aufs Blatt. Je öfter du ihn hintereinander auftupfst, umso heller wird der Farbabdruck, was schöne Hell-Dunkel-Abstufungen ergibt. Teste auch, wie es sich mit den Kanten, Ecken, mit der Schmal- und Breitseite drucken lässt (siehe auch Seite 60).

4 Hast du genug geübt, malst du die Figur mit dem Pinsel auf ein neues Blatt. Nur die Frisur gestaltest du mit Spachtel oder Schwamm.

EXTRA-TIPP:
So kannst du norma-
le Deckfarbe cremig
machen: Rühre eine
kleine Menge Kleis-
ter an. Mische dann
auf einer Palette
Deckfarbe mit etwas
Kleister an.

Der Froschkönig

Deckfarben sind in der Kindheit sicher die gebräuchlichsten wasserlöslichen Farben, die sich wunderbar mischen lassen. Da bietet sich das beliebte Märchen vom Froschkönig als Thema rund um die Farbe Grün an. Es geht um verwandte Töne, um eine Farbfamilie. Aufgaben dieser Art schulen das Erkennen feiner Farbunterschiede; sie wecken die Freude am Mischen und bereichern das Erleben der Farben.

Material:
- **gutes weißes Malpapier**
- **Deck- oder Temperafarbe in Blau, Gelb, Schwarz und Rot (kein Grün)**
- **Borstenpinsel**
- **Mischpalette**
- **Wasserglas**
- **Lappen**
- **Malerkittel**
- **Zeitungspapier als Unterlage**

Weitere Themenvorschläge:
- **Hänsel und Gretel**
- **Schneewittchen**
- **Dornröschen**
- **Zwerg**
- **Riese**
- **Goldenes Wüstenschloss**
- **Zauberburg im Lila-Land**
- **Bremer Stadtmusikanten**

Zum Vorlesen:

Tina trifft Tobias auf dem Schulhof: „Du, Tobi, du kennst doch auch das Märchen vom Froschkönig?" „Klar", antwortet er. „Das hat mir meine Mutter früher immer erzählt. Warum fragst du?"

Und da erzählt Tina von dem Frosch, den sie am Sonntag beim Picknick gesehen hat: „Er saß ganz still da in einer Wiese, fast hätte ich ihn nicht bemerkt, denn er war von seiner grünen Umgebung kaum zu unterscheiden. Eine Krone hatte er ja nicht auf, sonst hätte ich ihn sicher schneller erkannt."

Jetzt will Tobi alles wissen: Ob ein Teich in der Nähe war, wie seine Füße aussahen, wie weit er springen konnte und ob er ein breites Maul hatte. Doch da ist plötzlich die Pause zu Ende.

„Weißt du was?" ruft Tina. „Heute nachmittag versuche ich, ihn zu malen. Dann bringe ich dir das Bild morgen mit in die Schule." Und als sie am Nachmittag ihre Deckfarben auspackt, kann sie es doch nicht lassen, ihrem Frosch eine Krone auf den Kopf zu malen.

So wird's gemacht:

1 Mische zuerst auf einem Übungsblatt nur mit blauer und gelber Farbe viele verschiedene Grüntöne. Kannst du sie beschreiben? Sind sie flaschengrün, olivgrün, blaugrün, tannengrün, moosgrün, giftgrün …?

2 Zeichne danach auf ein zweites Blatt mit dem Pinsel den Umriss des Froschkönigs. Fülle diese Form dann mit einem schönen Froschgrün aus; nur an den Augen lässt du etwas Weiß stehen. Die Krone soll leuchtend gelb werden.

3 Danach gestaltest du den Hintergrund in vielen anderen Grüntönen. Damit sich der Frosch gut von seiner Wiese abhebt, musst du vielleicht hellere Grüntöne mit viel Gelb für den Hintergrund mischen. Du kannst zusätzlich den Frosch neu bemalen und den Bauch mit Punkten mustern.

4 Schließlich vervollständigst du das Märchentier mit einem großen, roten Maul und schwarzen Augen. Das fertige Bild hat viele ähnliche Farben.

Mein Traumhaus

Material:
- **festes, buntes Tonpapier (DIN-A3-Format)**
- **Temperafarben**
- **Deckweiß**
- **Mischpalette**
- **Borstenpinsel**
- **Wasserglas**
- **Lappen**
- **Malerkittel**
- **Zeitungspapier als Unterlage**
- **Alufolienrest**
- **Schere**
- **Klebstoff**

Weitere Themenvorschläge:
- **Zauberschloss**
- **Meine Lieblingsblume**
- **Meine Lieblingsstadt**
- **Meine Lieblingslandschaft**

Temperafarben decken sehr gut und sind ideal für dieses Thema, besonders wenn farbiges Papier als Malgrund dient. Das ist für Kinder sehr reizvoll. Stellt man ihnen nur wenige Farben zur Verfügung, wächst ihr Gespür für den Ausdruckswert einzelner Farben. Sie lernen, dass trotz eingeschränkter Farbenvielfalt ansprechende Bilder entstehen.

Zum Vorlesen:

Kathi sitzt grübelnd am Frühstückstisch. „Was ist denn los?", fragt Mama. „Ach", murmelt Kathi, „im Traum sagte eine Fee zu mir, ich dürfte mir ein eigenes Haus wünschen. Doch ich müsste es ihr im nächsten Traum genau beschreiben. Und jetzt weiß ich nicht, wie es aussehen soll!"

Ihr großer Bruder gibt ihr einen Tipp: „Warum malst du es nicht? Dabei stellst du dir folgende Fragen: Ist das Traumhaus rund oder eckig? Hat es Türme mit goldenen Kuppeln oder einen Balkon, an dessen Säulen farbenprächtige Kletterpflanzen hinaufranken? Hat es viele Fenster und Türen? Ist es bunt bemalt? Gibt es rote Ziegel oder gar eine blühende Wiese als Dach? Welche Räume möchtest du haben? Ein Abenteuerzimmer mit Unterwasserlandschaft oder einen Dschungel mit vielen Pflanzen und Tieren? Oder ein Riesenspielzimmer mit Rutsche, Klettergerüst und anderen Spielgeräten?"

„Stopp!", ruft Kathie, ihr schwirrt der Kopf. Aber am Nachmittag malt sie ihr Traumhaus für die Fee.

So wird's gemacht:

1 Suche dir einen Bogen Tonpapier in einer schönen Farbe aus. Lege dann schwarze Temperafarbe, Deckweiß und nur zwei weitere dazu passende Farben bereit, mehr nicht.

2 Überlege dir zuerst ganz still, wie dein Traumhaus aussehen soll. Male es dann zunächst in groben Umrissen mit schwarzer Farbe auf.

3 Nun gestaltest du das Haus innen und außen ganz nach deinen Wünschen. Die gewählten Farben darfst du natürlich untereinander mischen. Da gibt es Zimmer in vielen Nuancen: vielleicht in Weiß oder Dunkelblau; Gänge in Türkis, hellblaue Türen, grüne Fenster und vieles mehr.

4 Nachdem das Bild angetrocknet ist, suchst du dir dein Lieblingszimmer aus. Beklebe es mit einem passend zurechtgeschnittenen Stück Alufolie. So sieht man gleich, welches Zimmer dir besonders wertvoll ist. Wer möchte, bemalt die Folie zusätzlich (siehe auch Seite 7 oben).

EXTRA-TIPP:
Achte darauf, wie verschieden die Menschen auf unserer Erde wohnen. In Büchern, Zeitschriften und Filmen findest du Beispiele: Wie sehen die Häuser der Eskimos aus? Wie wohnt man in Afrika? In Griechenland? In Amerika? In Berlin? Und in deiner Umgebung?

Das kunterbunte Urwaldtier

Deckfarben sind das Mittel der Wahl, wenn es ums Mischen geht. Anders als beim Froschkönig von Seite 72/73 fällt das Tier diesmal richtig auf in seiner Umgebung. Der Grund für diesen Kontrast: Die direkte Nachbarschaft von strahlend-intensiven und getrübten Farben. Diese lassen sich leicht durch Mischen erzeugen.

Material:
- gutes weißes Malpapier
- Deckfarben
- Haarpinsel
- Wasserglas
- Lappen
- Malerkittel
- Zeitungspapier als Unterlage

Weitere Themenvorschläge:
- Farbentanz
- Eine bunte Schlange kriecht durch den Wald
- Leuchtende Fische im trüben Wasser
- Bunte Autos fahren durch die graue Stadt

EXTRA-TIPP:
Achte einmal darauf: Viele Künstler setzen diese Intensiv-Stumpf-Kontrastwirkung bewusst in ihren Bildern ein. Auch die Werbung spielt damit, um Aufmerksamkeit zu wecken.

Zum Vorlesen:

Tief im Urwald, zwischen all den Pflanzen und Tieren, wohnt ein seltsames Wesen, das von allen anderen Bewohnern des Urwaldes schon von weitem erkannt wird. Dieses freundliche Tier fällt durch seine hellen, strahlenden und leuchtenden Farben in dem schattigen, dunklen und dicht bewachsenen Urwald sofort auf. Ob das an dem hellen Gelb oder am leuchtenden Orange liegt, dass es bei der Futtersuche zwischen den dunkelgrünen und braunen Bäumen so schön wirkt? Oder am strahlenden Blau, am knalligen Rot oder am grellen Grün?

So wird's gemacht:

1 Zeichne mit dem Pinsel zuerst die Umrisse des Urwaldtieres auf. Die Muster und Farbflächen des Körpers malst du mit hellen, leuchtenden Farben. Sehr intensiv wirken die reinen Grundfarben. Wichtig ist es, dass du den Pinsel immer wieder gründlich auswäschst und öfter das Malwasser wechselst. Denn sonst werden allmählich alle Farben trübe, auch die, die klar bleiben sollen.

2 Wenn das Tier fertig gemalt und getrocknet ist, malst du den Urwaldhintergrund in verschiedenen gedämpften, dunklen Grün- und Brauntönen. Dazu vermischst du mehrere Farben miteinander, damit du viele getrübte Töne in schönen Nuancen erhältst.

Die Drachenfamilie

Material:
- **gutes weißes Malpapier**
- **Deckfarbenkasten oder Temperafarben**
- **Deckweiß**
- **Haar- oder Borstenpinsel Nr. 6–8**
- **Wasserbecher**
- **Lappen**
- **Malerkittel**
- **Zeitungspapier als Unterlage**

Weitere Themenvorschläge:
- **Kleckslandschaft**
- **Turm aus Bauklötzen**
- **Schmetterlinge**
- **Eisblumen und Sommerblumen**
- **Riesige Kreise, Vierecke und Dreiecke**

Ob mit Deck- oder Temperafarben: Bei dieser anspruchsvollen Mischübung lernen Kinder die Wirkung kalter und warmer Farben kennen. Zuvor sollten Sie mit ihnen die typischen Nuancen der Jahreszeiten besprechen, aber auch die des Feuers, der Vulkanlava, der untergehenden Sonne und dagegen die des Meeres, des Nordpols und so weiter. Um kleinere Kinder nicht durch gleichzeitige Formvorgaben zu überfordern, wählen Sie für sie lieber einfachere Motive aus.

Zum Vorlesen:

Ein Drachenmann aus dem hohen Norden liebt Eis, Kälte und Schnee. Das sieht man ihm auch an: Mit seinen kalten Farben und mit den spitzen Zacken und Zähnen sieht er furchterregend aus. Am wohlsten fühlt er sich natürlich im Winter.

Eines Tages trifft er auf einer Reise eine Drachenfrau, die tief im Süden wohnt und am liebsten den Sommer mag. Sie kleidet sich bevorzugt in warmen Farben und liebt rundliche, weiche Muster.

Obwohl die beiden Drachen so unterschiedlich sind, verlieben sie sich ineinander und heiraten.

Wie mag wohl ihr gemeinsames Drachenbaby aussehen?

So wird's gemacht:

1 Probiere zunächst aus, die Farben mit wenig Wasser anzumischen und cremig (pastos) auf einem Extrablatt aufzutragen, damit sie gut decken.

2 Male dann zuerst die Dracheneltern: Du kannst ihre Umrisse großzügig mit dem Pinsel oder Bleistift dünn vorzeichnen. Wenn du schon Muster andeutest, dann denke daran, dass der Drachenmann vor allem Spitzen und Zacken mag, die Drachenfrau aber eher rundliche Formen.

3 Damit die Farben nicht ineinanderfließen, sollte vor dem Bemalen einer Fläche die Nachbarfarbe angetrocknet sein.

4 Hast du die Dracheneltern fertig gemalt, beginnst du mit dem Drachenbaby. Achte darauf, dass sich die Formen und Farben der Eltern in ihm wiederholen, es ist ja mit beiden verwandt. Was meinst du: Wo lebt jetzt wohl diese Drachenfamilie?

Die genießenden Marienkäfer

Wenn Sie lesen, dass hier nur mit roter, schwarzer, gelber und blauer Deckfarbe gemalt ist (ohne Grün!), ahnen Sie schon, dass es ums Mischen geht. Ganz spielerisch erfährt das Kind die Wirkung des Komplementärfarbenpaares Rot und Grün (siehe Seite 30). Wer schon mit Pinsel, Farbe und dem Mischen vertraut ist, mag dieses Thema ganz besonders.

Zum Vorlesen:

Zwei Marienkäfer treffen sich zum Mittagessen auf einem Blätterhaufen. „Der Sommer bietet uns eine so reichhaltige Speisekarte, dass ich mich kaum entscheiden kann!", schwärmt der erste Marienkäfer seinem Artgenossen vor.

„Ja, da hast du Recht. Und außerdem gibt es die Blätter in so vielen Formen und verschiedenen Grüntönen, dass immer genügend leckeres Futter für alle da ist", antwortet der andere Marienkäfer. „Und wie man ja sagt, isst auch das Auge mit!"

Und so knabbern sie genüsslich an dicken, runden, dunkelgrünen Blättern. Sie kosten von den zarten, spitzen, hellgrünen Blättern und probieren die besonders schmackhaften kleinen, grasgrünen Blättchen. Auch die schmalen tannengrünen sind nicht zu verachten.

Als sie mit ihrem Mahl fertig sind und sich die Sonne auf ihre Flügel scheinen lassen, stellen die beiden fest, dass sie mit ihrem roten Käferkleid hervorragend zu den grünen Blättern passen.

So wird's gemacht:

1 Wenn du möchtest, kannst du bei diesem Bild die Käfer und Blätter dünn mit Bleistift vorzeichnen. Vielleicht gibt dir das mehr Sicherheit, wenn du nachher auf das Mischen und Malen achtgeben musst. Wenn du aber lieber gleich mit den Farben beginnen willst: umso besser.

2 Lege das Zeichenblatt auf eine Unterlage aus Zeitungspapier und male dann zuerst die beiden Marienkäfer. Nimm dazu nur rote und schwarze Deckfarbe. Damit die Käfer später schön aus dem Grün herausleuchten, verwendest du am besten sehr viel vom reinen Rotton.

3 Während deine Marienkäfer auf dem Bild trocknen, betrachtest du in deiner Umgebung die verschiedenen Blattformen und deren unterschiedliche Grüntöne: bei den Zimmerpflanzen, auf dem Balkon, im Garten, im Wald und so weiter.

4 Hast du gesehen, wie viele Grüntöne es gibt? Versuche jetzt, auf der

Mischpalette nur mit Blau und Gelb verschiedene Grüntöne zu mischen.

5 Damit gestaltest du jetzt den Hintergrund: aus lauter verschieden geformten und verschieden grün gemalten Blättern. Kannst du beobachten, wie die roten Käfer durch das umgebende Grün jetzt viel stärker „leuchten" als vorher, als das Papier noch weiß war?

6 Wenn dir dein Bild gefällt, kannst du es, sobald es trocken ist, in einem passenden Rahmen befestigen und aufhängen.

Der Vogel im Zauberwald

Material:
* gutes weißes
  Malpapier
* Bleistift
* gelbe, rote und
  blaue Deckfarbe
* Borsten- oder Haar-
  pinsel
* Mischpalette
* Wasserglas
* Lappen
* Malerkittel
* Zeitungspapier
  als Unterlage

Weitere
Themenvorschläge:
* Clown in violettem
  Kostüm vor gelbem
  Zirkuszelt
* Violettes Fabeltier
  in der Wüste
* Zitronenfalter auf
  violetter Blume
* Gelb-violette
  Zauberblume
* Pfau mit violetten
  Federn vor dem gold-
  gelbem Schlosstor

So wie schon auf der vorigen Seite, so zeigt auch dieses Deckfarbenbild einen starken Kontrast zwischen zwei Komplementärfarben: Diesmal sind es die Gegenfarben Gelb und Violett. Jede Farbe lässt die andere intensiver erscheinen (siehe Seite 30). Bei diesem Thema wird das Kind gleichzeitig die Violetttöne durch das Mischen neu entdecken.

Zum Vorlesen:

Ein schwarzer, unscheinbarer Vogel wollte so gerne einmal in den gelben Zauberwald. Er machte sich auf den Weg und flog über Berge und Täler, über Wüsten und Meere, überwand Hitze und Kälte, bis er eines Tages nach langem und anstrengendem Flug vor den Toren des Zauberwaldes stand.

Der Wächter des Zauberwaldes aber ließ den armen, schwarzen Vogel nicht hinein. „Ja weißt du denn nicht, dass in diesen gelben Wald nur Tiere mit violetter Farbe hinein können?", fragte der erstaunte Wächter den schwarzen Vogel. „Alle Lebewesen mit anderer Farbe würden sofort zu Asche zerfallen, sobald sie auch nur einen Fuß in diesen Wald setzen."

Da wurde der schwarze Vogel furchtbar traurig, denn all seine Mühen schienen umsonst gewesen zu sein.

Der Wächter sah ihn an und bekam Mitleid mit ihm: „Eine Möglichkeit gäbe es für dich: Finde ein Kind, das dir dein Federkleid in violetten Tönen anmalt; dann kannst du den Zauberwald ohne Gefahr genießen!"

Malst du ihm dieses Federkleid?

So wird's gemacht:

1 Wenn dein Vogel ein sehr ordentliches Federkleid bekommen soll, kannst du ihn zuerst dünn mit Bleistift vorzeichnen.

2 Dann malst du den Vogel in vielen Violetttönen aus, indem du in der Palette blaue und rote Farbe vermischst. Verschiedene Abstufungen erhälst du, wenn du mal mehr, mal weniger Blau zum Rot gibst. Verwende nur wenig Wasser, damit die Farben deckend bleiben.

3 Ist der Vogel komplett ausgemalt, wartest du ein paar Minuten, bis das Bild ganz trocken ist. Male nun erst den Hintergrund mit gelber Farbe aus. Siehst du, wie die Farbe unseres Zaubervogels jetzt noch leuchtender zur Geltung kommt?

EXTRA-TIPP:
Möchtest du eine Variation von der Geschichte malen? Dann stell dir vor, der Zauberwald wäre violett. Und es dürften nur gelbe Tiere hinein. Male also einen schillernden gelben Vogel vor einem violetten Hintergrund. Wenn du willst, kannst du dort auch Baumstämme, Büsche, Blätter und Ähnliches andeuten.

Tintenfisch Blubbel

Material:
- **gutes weißes Malpapier**
- **Bleistift**
- **blaue, gelbe und rote Deckfarbe**
- **Borsten- oder Haarpinsel**
- **Mischpalette**
- **Wasserglas**
- **Lappen**
- **Malerkittel**
- **Zeitungspapier als Unterlage**

Weitere Themenvorschläge:
- **Feuerwerk**
- **Zauberblume**
- **Goldfisch im Wasserglas**
- **Orientalische Stadt in der Nacht**
- **Taucher erforschen die Unterwasserwelt**
- **Verwunschenes Zauberschloss bei Nacht**
- **Was flattert da am blauen Himmel?**
- **Bewohnter Wolkenkratzer bei Nacht**

Als letztes Deckfarbenthema in diesem Kapitel steht nochmals ein kontrastreiches Farbenpaar im Mittelpunkt: Blau und Orange. Im Farbkreis liegen sie sich komplementär gegenüber (siehe Seite 30). Das Spiel mit diesem intensiven Gegensatz ist auch für Kinder eine lohnende Erfahrung.

Zum Vorlesen:

Der kleine, tiefblaue Tintenfisch Blubbel möchte so gerne leuchtende Farben haben; wie sein Freund, der Korallenfisch. Als er sich mit ihm zum Spielen trifft, jammert er: „Immer nur dieses eintönige dunkle Blau, da werde ich ja trübsinnig! Ich möchte auch so schöne Farben haben wie du."
Der Korallenfisch wackelt mit seiner Schwanzflosse: „Nun, ich kann dir da vielleicht weiterhelfen. Wenn du zu den Korallen schwimmst und ihnen folgenden Zauberspruch sagst, dann werden sie dich vielleicht erhören:

‚Korallen mit eurer Zaubermacht, gebt mir von eurer Farbenpracht!'
Halte dich dabei mit deinen Fangarmen an den Korallen fest und warte ab, was dann passiert."
Der tiefblaue Tintenfisch Blubbel schwimmt sofort zu den Korallen und befolgt sogleich den Rat seines besten Freundes. Und er traut tatsächlich seinen Augen nicht, als er den Zauberspruch ausspricht und mit seinen Armen ganz allmählich die prächtigen Farben der Korallen aufsaugt! Wie glücklich und zufrieden schwimmt er dann nach Hause!

So wird's gemacht:

1 Wenn du willst, zeichnest du die Korallen und den Tintenfisch mit Bleistift dünn vor. Denke daran, dass eine Unterwasserlandschaft ständig in Bewegung ist. Deshalb siehst du dort kaum starre Formen, sondern fließende, schwungvoll-wellige Linien.

2 Male dann zuerst die Korallen und den Tintenfisch farbig aus. Dazu stellst du auf der Mischpalette verschiedene Orangetöne her. Diese Töne entstehen, wenn du gelbe und rote Farbe zusammenmischst. Es ergeben sich außerdem ganz verschiedene Orangetöne, je nachdem, wie hoch der Rot- oder Gelbanteil in der neuen Mischung ist.

3 Ist das Motiv fertig gemalt und der Farbauftrag getrocknet, malst du vorsichtig den blauen Hintergrund um die Formen herum. Gib vor allem bei den verzweigten Korallen Acht. Und schon erlebst du, wie das Orange der Korallen und des Tintenfisches im Kontrast zum Blau viel kräftiger und heller wirkt als vorher mit dem weißen Papierhintergrund.

WASSERFESTE FARBEN

Die hier vorgestellten Farben, fast alle auf Wasserbasis und mit Wasser vermalbar, trocknen wisch- und wasserfest auf. Deshalb erlauben sie eine Vielzahl von Anwendungsmöglichkeiten. Sie haften gut auf den unterschiedlichsten Materialien, einige sind auch wetterfest. Ein weiterer Vorteil ist, dass sie auch beim Auftrag in mehreren Farbschichten nicht abblättern.

Manche Produkte trocknen matt auf, andere glänzend, was zu neuen Malideen anregen kann. Da einige Sorten giftige Zusatzstoffe enthalten und weil einmal angetrocknete Flecken schwer oder gar nicht mehr zu entfernen sind, sollten Sie wasserfeste Farben mit Kindern generell nur sehr gezielt und altersentsprechend einsetzen.

Kleine Materialkunde

Kinder sollten möglichst nicht mit solchen wasserfesten Farben malen, die gesundheitsschädliche Dämpfe ausdünsten oder für deren Verarbeitung Lösemittel nötig sind. Die hier vorgestellten Farben sind aber für Kinder durchaus ab und zu interessant. Weil die Farben wegen der zum Teil öligen Bestandteile und der löslichen Harze nach dem Trocknen wasserfest sind, soll man keinesfalls auf eine Unterlage am Arbeitsplatz und auf den Malerkittel zum Schutz der Kleidung verzichten.

Plakatfarbe oder Bastelfarbe

Die gängigsten Plakatfarben, zum Beispiel die auf Kasein-Emulsions-Basis, trocknen schnell und mit gleichmäßiger, samtmatter Oberfläche. Die Farben sind meist dickflüssig, werden bis zu der gewünschten Streichfähigkeit mit Wasser verdünnt und besitzen eine hohe Deckkraft. Obwohl die getrockneten Farben wasserfest sind, eignen sich nicht alle ohne eine abschließende Lackierung mit Klarlack für Gegenstände, die viel angefasst werden. In solch einem Fall sollte man besser auf acrylhaltige Farben ausweichen. Die Töne der einzelnen Plakat- oder Bastelfarben sind untereinander mischbar und haften auf vielen Malgründen, zum Beispiel auf Papier, Holz, Glas, Keramik, Metall, Kunststoff oder Gips.

Dispersionsfarben

Diese Farben ähneln den Temperafarben, sind aber nach dem Trocknen wasserfest. Auch bei handelsüblichen Wand- und Abtönfarben handelt es sich meist um Dispersionsfarben. Sie werden in großen Kunststoffflaschen angeboten, sind dickflüssig, lassen sich mit Wasser verdünnt untereinander mischen und gut verstreichen. Die volldeckenden Farben sind sehr ergiebig und eignen sich gut für großflächiges Arbeiten. Als Malgründe eignen sich neben Papier beispielsweise auch Gips, Pappe, Holz, Stein, Ton und Metall.

Acrylfarben

Acrylfarben sind Kunstharzdispersionsfarben, die in der Malerei erst seit etwa 1960 eingesetzt werden. Sie sind mit Wasser vermalbar und trocknen sozusagen als Kunststofffilm wasserfest auf. Man kann deckend und pastos mit ihnen malen, aber nach dem Verdünnen mit viel Wasser auch in transparenten Lasurschichten wie beim Aquarellieren. Die Farbe blättert oder springt auch dann nicht ab, wenn sie in dicken Schichten aufgetragen

wird. Die Töne dieser elastischen Farbe sind untereinander mischbar und eignen sich für alle Malgründe.

Acrylfarben, in Kunststoffflaschen oder Tuben angeboten, gibt es in unterschiedlichen Qualitäts- und Preisstufen: für den Hobbybereich und für den anspruchsvollen Künstler. Das Bild oben zeigt ein Beispiel der Ergebnisse, die nach der Geschichte von Seite 96/97 in der Abklatschtechnik entstanden sind.

Lackstifte

Lackstifte (Lackmarker oder Permanentmarker) gibt es in verschiedenen Strichbreiten und Farben im Fachhandel. Sie sind im Profibereich (zum Beispiel bei Architekten und Designern) sowie bei Freizeitkünstlern sehr verbreitet. Da sie auch als geruchsneutrale Sorten (ohne Ausdünstung von Lösemitteln) und auf Wasserbasis angeboten werden, kann man sie durchaus zur Abwechslung den Kindern an-

bieten. Die Farben trocknen schnell, sind wisch- und wasserfest, volldeckend und lichtbeständig. Lackstifte eignen sich zum Bemalen und Beschriften: auf Karton, Pappe, Papier, Glas oder Metall; die Einsatzmöglichkeiten reichen vom großen Plakat bis zu kleinen Glückwunschkarten.

Pinsel

Zum Farbauftrag flüssiger, wasserfester Farben sind Haar- und Borstenpinsel geeignet. Wichtig: Nach dem Gebrauch müssen die Pinsel sofort gründlich mit Wasser und eventuell zusätzlich mit Kernseife gereinigt werden. Denn wird der mit Farbe getränkte Pinsel vergessen, ist er hinterher unbrauchbar: Auch hier trocknen die Farben wasserfest ein, sie verkleben und verhärten die Haare oder Borsten.

Natürlich können auch Spachtel, Schwämme oder andere Dinge für den Farbauftrag ausprobiert werden.

Mein liebstes Haustier

Dispersionsfarben eignen sich aufgrund ihrer Ergiebigkeit für den Auftrag auf saugende Malgründe besonders gut. Gipskartonplatten, die in jedem Baumarkt günstig zu kaufen sind, bieten mit etwas Vorbereitungszeit einen idealen Untergrund für eine Art Freskomalerei. Das Praktische daran: Es lässt sich gleich ein Bilderrahmen mit einplanen!

Material:
- **Gipskartonplatte (50 x 50 cm)**
- **Lineal**
- **Bleistift**
- **Tapetenmesser**
- **dicker Malerpinsel**
- **Spachtel**
- **Dispersionsfarbe**
- **Mischpalette**
- **Borstenpinsel**
- **Wasserglas**
- **Lappen**
- **Malerkittel**

Weitere Themenvorschläge:
- **Porträt**
- **Berglandschaft**
- **Obstbaum**

HAST DU DAS GEWUSST?
Ein echtes Fresko ist eine Malerei auf noch feuchtem Kalkputz (italienisch: „a fresco" = auf das Frische). Die Farbe hält darauf ohne Bindemittel. Ein berühmter Freskenmaler der Renaissance war Michelangelo (1475–1564).

Zum Vorlesen:

*Es hat bunte Federn
oder ein schönes Fell.
Mit Piepsen, Miauen
oder Gebell
sucht es oft
meine Aufmerksamkeit
und fragt mich:
„Hast du zum Spielen Zeit?"
Es bekommt von mir
seine Streicheleinheiten
und wird mir dafür
viel Freude bereiten.
Doch heute mal'
ich es ganz bunt:
mein liebstes Haustier
auf weißem Grund.*

So wird's gemacht:

1 Bitte einen Erwachsenen, dir bei der Vorbereitung des Malgrundes zu helfen. Zuerst unterteilst du die Gipskartonplatte in Bildfläche und Rahmen. Dazu zeichnest du mit Bleistift und Lineal eine gerade Linie auf den Karton: 10 cm neben dem Rand.

2 Ritze dann genau auf dieser Linie den Karton mit dem Tapetenmesser bis zum Gips ein. Innen ist nun ein Bildausschnitt von 30 x 30 cm entstanden.

3 Befeuchte diese Fläche mit Hilfe eines Malerpinsels mehrmals mit Wasser und lass die Feuchtigkeit einige Zeit gut in den Karton einziehen.

4 Löse danach die innere Kartonfläche mit einem Spachtel vorsichtig ab, bis der Gips freiliegt. Wenn sich der Karton nicht sauber löst, ist er vielleicht noch zu trocken und sollte an der betreffenden Stelle noch einmal gewässert werden. Kratzer und Dellen auf der Gipsoberfläche stören beim Malen nicht; im Gegenteil – das Bild sieht dadurch später noch eher wie ein altes Fresko aus, das ja auf Wandputz gemalt wurde.

5 Jetzt malst du dein liebstes Haustier mit Borstenpinsel und Dispersionsfarbe auf die Gipsfläche; verdünne die Farbe dazu etwas mit Wasser. Der Kartonrand bleibt unbemalt stehen und dient auf diese Weise als Bilderrahmen.

Stabmännchen Galaktikus

Plakat- oder andere wasserfest auftrocknende Bastelfarben sind sehr vielseitig und vor allem dann ideal, wenn dreidimensionale Dinge bemalt werden sollen, die vielleicht im Spiel benutzt werden, so wie das vorgeschlagene Stabmännchen. Solche Farben eignen sich sowohl für feinere Arbeiten als auch für großflächige Malereien.

Material:
* **zwei runde Bierdeckel**
* **zwei rechteckige Pappteller**
* **Plakatfarbe**
* **Pinsel**
* **Wasserglas**
* **Lappen**
* **feste Kartonreste**
* **Schere**
* **Alleskleber**
* **Rundstab (ca. 30 cm lang, Ø 5 mm)**
* **Malerkittel**
* **Zeitungen als Unterlage**

Weitere Themenvorschläge:
* **Sonnenblumen**
* **Maskentanz**
* **Vögel**
* **Katzen**
* **Hunde**
* **Tiger**

Zum Vorlesen:

Als Elisabeth eines Nachmittags mit ihrer Freundin Franziska spazieren geht, entdeckt sie an einem Baum einen handgeschriebenen Zettel. Elisabeth liest ihn vor: „Steckbrief: Gesucht wird ein junger Außerirdischer mit grünem Bauch und leuchtend bunten Stachelhaaren, der sich in dieser Stadt verlaufen hat. Er hört auf den Namen Galaktikus, ist 380 Jahre alt und ungefähr 50 cm groß.
Galaktikus ist anfangs sehr schüchtern, spielt aber liebend gern mit anderen Kindern. Vorsicht, sein heiteres Gemüt überträgt sich sofort auf jeden, der ihn sieht!
Mit Vorliebe hält er sich in Farbengeschäften auf, denn seine Lieblingsspeisen sind gelbe, rote, grüne und blaue Plakatfarben. Hinweise bitte an das Raumschiff Glitterix 5, das auf der Waldlichtung ‚Heidekraut‘ gelandet ist. Wer Galaktikus findet, darf uns am Wochenende auf unserem Planeten Glitterix besuchen.“
Nachdem Franziska das gehört hat, beschließt sie zusammen mit Elisabeth, Galaktikus zu suchen. Als sie
gerade weiterlaufen wollen, steht plötzlich ein kleiner Junge mit grünem Bauch und leuchtend bunten Stachelhaaren vor ihnen und fragt die Mädchen etwas schüchtern: „Wisst ihr, wo ich meine Mama finde?“
Elisabeth und Franziska schauen sich vergnügt an und Franziska antwortet: „Komm, Galaktikus, wir bringen dich zu ihr!“

So wird's gemacht:

1 Für den Kopf des Stabmännchens bemalst du zwei Bierdeckel jeweils auf einer Seite mit einer beliebigen Farbe. Zwei rechteckige Pappteller bilden den Körper, den du ebenfalls bemalst.

2 Hände, Arme und Beine schneidest du aus Kartonresten aus und malst sie von beiden Seiten bunt an. Für die Haare schneidest du Pappreste in wellenförmige Streifen und bemalst sie in unterschiedlichen leuchtenden Farben.

3 Nachdem alle Einzelteile getrocknet sind, befestigst du zuerst die bunten

Haare auf der Rückseite eines Bierdeckels und klebst diese Kopfhälfte oben am Rundstab fest. Die zweite Kopfhälfte klebst du gegen die Rückseite. Bringe auch den Körper mit Armen und Beinen beidseitig am Stab an.

4 Zum Schluss vervollständigst du den Galaktikus, indem du ihm mit schwarzer Plakatfarbe ein fröhliches Gesicht aufzeichnest. Wenn du magst, kannst du dir noch weitere Raumschiffbewohner ausdenken.

EXTRA-TIPP:
Beim Wort „Malen" denkt jeder sofort an Bilder, also an flache, zweidimensionale Malgründe wie Papier, Karton oder Leinwand. Doch du kannst auch dreidimensionale Dinge bemalen, zum Beispiel: selbstgebastelte Spielfiguren, schöne Äste, Burgen aus Pappschachteln, Pappmachétiere und vieles mehr. Auch hier kannst du Muster malen, Farben mischen, fließen lassen, Kontraste setzen und so weiter.

Meine Kindergartenfreunde

Material:
- helles Zeichen-
  papier
- Bleistift
- Lineal
- Schere
- Lackstifte: schwarz,
  goldfarben und bunt
- Tonkarton oder
  Passepartout mit
  mehreren Aus-
  schnitten
- Cutter
- Schneideunterlage
- Klebeband

Weitere
Themenvorschläge:
- Tiere im Zoo
- Fantasiegestalten
- Bäume
- Meine Familie
- Porträtzeichnungen
- Blumen

EXTRA-TIPP:
Wenn du schon
deine Freunde dar-
gestellt hast: Wie
wäre es mit einem
Besuch im Zoo? Da-
nach zeichnest du
eine schöne Tier-
serie, siehe dazu
auch Seite 32.

Lackstifte, die hauptsächlich von Erwachsenen benutzt werden, haben eine faszinierende Wirkung auf Kinder, besonders die dekorativen Sorten mit Metalliceffekt. Werden diese kleinen Kunstwerke als Serie schön gerahmt aufgehängt, stehen sie in ihrer Wirkung den Bildern von Erwachsenen oft in nichts nach.

Zum Vorlesen:

Abends falle ich müde in mein Bett
und denk mir: Im Kindergarten
war es nett.
Kann den nächsten Tag dann
kaum erwarten,
denn da male ich im Kindergarten
meine Freunde Klaus und Tina,
den frechen Peter und Regina.
Mach' es genauso und zeichne mir
deine Freunde auf ein Papier.

So wird's gemacht:

1 Um deine Bilder später rahmen zu können, bittest du einen Erwachsenen um Hilfe, bevor du mit dem Zeichnen beginnst. Die Vorbereitungen richten sich danach, ob bereits ein Passepartoutkarton mit mehreren Ausschnitten (Hobby- oder Fotofachhandel) vorhanden ist oder noch angefertigt werden muss. Im ersten Fall legst du unter jeden Ausschnitt ein Blatt Papier und zeichnest ihn darauf mit Bleistift nach. Ein zweite Linie, 1 cm weiter innen, zeigt das Feld an, das du beim Zeichnen nicht verlassen darfst. – Soll später ein Passepartout angefertigt werden, brauchst du meh-

rere gleich große Blätter (10 x 20 cm), auf die je ein 6 x 16 cm großes Feld mit Bleistift gezeichnet wird. – So ist in beiden Fällen genügend Rand vorhanden, um die Bilder später hinter die Ausschnitte zu kleben.

2 Zeichne mit den Lackstiften die einzelnen Kindergartenfreunde in das jeweilige Feld deiner Blätter. Wenn du einzelne Flächen bunt ausmalst oder sogar musterst (Kleid, Pullover usw.), wirkt das sehr schön. Lass die Farben trocknen.

3 Ist schon ein Passepartout mit mehreren Ausschnitten vorhanden, klebst du die Bilder mit Klebestreifen jeweils dahinter. – Im anderen Fall suchst du dir einen genügend großen Karton aus, den ein Erwachsener mit den benötigten Bildausschnitten versieht. Bei 10 x 20 cm großen Blättern und 6 x 16 cm großen Motiven sind Ausschnitte mit den Maßen 8 x 18 cm ideal. Sie werden vorgezeichnet und mit Cutter und Lineal auf einer Schneideunterlage ausgeschnitten. Mit Klebeband befestigst du die Bilder dahinter.

Besuch im Abenteuerland

Material:
- Plastikfolie oder Glasplatte (mind. DIN-A4-Format)
- gutes weißes Malpapier
- Acrylfarben
- Pinsel
- Wasserglas
- Lappen
- Malerkittel
- Zeitungspapier als Unterlage

Weitere Themenvorschläge:
- Fabeltiere
- Traumlandschaften
- Urwald
- Mondlandschaft
- Besuch im Weltall

Acrylfarben lassen sich, mit wenig Wasser verdünnt, auch dickflüssig auf einen Malgrund auftragen, ohne abzublättern. Die Farbe trocknet schnell und behält auch danach ihre Leuchtkraft. Für die Abklatschtechnik sind diese Farben gut geeignet, es entstehen interessante Strukturen, die weiter ausgestaltet werden können.

Zum Vorlesen:

Melina und Corinna fahren mit ihren Eltern und ihrem Hund Puschel gemeinsam in Urlaub. Nach ein paar Tagen am heißen Strand beschließen die beiden Mädchen, das Land etwas genauer zu erkunden. Sie machen sich, unbemerkt von den Eltern, auf den Weg in das Abenteuerland.

Vor ihnen liegt eine nie zuvor gesehene Landschaft: hohe zerklüftete Berge, mit Kratern und Vulkanen; uralte, knorrige Bäume, deren Blätterdächer sich wie mächtige Schirme über den Boden spannen; und gigantische Steine, die, wie von Riesen dorthin gerollt, auf dem Boden liegen.

Melina und Corinna gelangen in ein Labyrinth und verlaufen sich in den vielen, endlosen Gängen. Immer wieder krabbeln unheimliche Tiere an ihnen vorbei und sie bekommen es langsam mit der Angst zu tun, denn die Dunkelheit bricht schon herein.

Glücklicherweise hat Puschel ihre Fährte aufgenommen und bringt Melina und Corinna wohlbehalten wieder zurück. Die Eltern sind heilfroh, dass den beiden nichts passiert ist. Und die Mädchen versprechen, solche Ausflüge in Zukunft nicht mehr ohne die Eltern zu unternehmen.

So wird's gemacht:

1 Zuerst gestaltest du die Abenteuerlandschaft, noch ohne Lebewesen. Mit dem Pinsel trägst du dicke Farbkleckse verteilt auf die Glasplatte oder Folie auf. Nun drückst du einen Bogen Papier auf die noch feuchte Farbe, streichst mit der Handfläche darüber und ziehst das Blatt vorsichtig wieder ab: Dabei entstehen interessante Farbabdrücke.

2 Diesen Vorgang wiederholst du mit mehreren Papieren; dabei bilden sich verschiedene Farbmischungen und Strukturen, die du auch mit weiteren Farben beeinflussen kannst.

3 Weil die Farben schnell trocknen, kannst du die Bilder schon bald weiter ausgestalten. Schau dir die Zufallsergebnisse genau an: Was entdeckst du darin? Siehst du irgendwelche Gestalten, feuerspeiende Drachen, Pflanzen? Zeichne mit dem Pinsel weitere Einzelheiten dazu. Auf Seite 89 siehst du ein weiteres Beispiel für diese Technik. – Vergiss nicht, Pinsel und Glasplatte/Folie rasch zu reinigen!

Auf Seite 89 siehst du ein weiteres Beispiel für diese Technik.

HAST DU DAS GEWUSST?
Die Abklatschtechnik oder das Abziehverfahren gehört zu den Zufallstechniken und ist auch unter dem Begriff „Décalcomanie" bekannt. Dieses Verfahren wurde in der Kunst von Oscar Dominguez (1906–1957) im Jahr 1936 entdeckt. Er gehörte zu den Surrealisten.

COLLAGEN

Das Herstellen von Collagen begeistert Kinder in jedem Alter. Sie können bei dieser Tätigkeit eigene Ideen entwickeln, ausprobieren und frei experimentieren. Da wird mit Begeisterung gesammelt, geschnitten, gerissen, angeordnet, verschoben und geklebt. Selbst Folienreste, Abfallpapiere und andere Kleinteile werden zu einem wunderbaren Schatz, der sich mit einarbeiten lässt.

Bei dieser Technik entwickeln Kinder neben der Auge-Hand-Koordination generell ihre motorischen Fähigkeiten weiter. Durch den Umgang mit den verschiedenen Materialien lernen sie deren Eigenschaften kennen, sie machen kompositionelle Entdeckungen über Flächeneinteilungen, räumliche Begrenzungen, Formen und Anordnungen.

Die Kinder sind nicht nur mit viel Spaß beschäftigt: Die vielen Gestaltungsmöglichkeiten der Collage motivieren sie auch, Ideen und Geschichten bildnerisch umzusetzen und ihren Schaffensdrang kreativ auszuleben.

Kleine Materialkunde

Die Collage, auch Klebebild genannt, ist eine Technik, die den gestalterischen Spielraum reizvoll erweitert (franz.: coller = kleben). Dabei werden Papiere und andere Dinge in unterschiedlichsten Farben, Formen, Strukturen und Eigenschaften auf einem Untergrund angeordnet und aufgeklebt. Aus vielen Einzelteilen entsteht eine neue Bildkomposition; es wird sozusagen mit Materialien „gemalt", oft auch in Verbindung mit den üblichen Mal- und Zeichentechniken.

Papier

Nahezu alle Papiersorten, auch Reste, sind für Collagen brauchbar. In jedem Haushalt fallen täglich Abfallpapiere aus Verpackungen an. Suchen Sie gemeinsam mit den Kindern nach schönen Karton- und Pappestücken, nach Papieren und Folien aller Art und Farben. Fotos aus Zeitschriften, Katalogen und Prospekten, alte Ansichtskarten, selbst Packpapier, alte Zeitungen oder Briefumschläge sind von Nutzen. Es lohnt sich auch, in Maler- oder Raumausstattungsgeschäften nach ausgedienten Musterkatalogen für Tapeten nachzufragen (siehe Abbildung oben rechts). Diese können dort oft kostenlos abgeholt werden.

Anstatt vorhandene Papiere nach passenden Farben und Mustern zu durchsuchen, kann man auch selbst zu Pinsel und Farbe greifen, um sich das Material passend zu gestalten. Sogar misslungene Bilder können Teile enthalten, die ganz genau zu einer geplanten Collage passen.

Andere Materialien

Je nach Thema sind auch andere Materialien die ideale Ergänzung, zum Beispiel Federn, Fäden, Perlen, Knöpfe, Sand und so weiter. Man spricht dann auch von Materialcollagen oder Assemblagen.

Aufbewahrung

Sammeln Sie die verschiedenen Papiere in dafür geeigneten Dosen und Schachteln, geordnet nach Farbe, Größe, Struktur und Form. Werden dem Kind zu viele verschiedene Materialien unübersichtlich angeboten, wird es bei der Auswahl schnell überfordert sein. Besonders für die Kleineren ist es wichtig, alles übersichtlich und in passenden Mengen anzubieten. Günstig ist es, die Einzelteile in handliche Größen vorzuschneiden und für Abwechslung bei den Farben, Formen und Papiersorten zu sorgen. Diese Vorbereitungen sind eine wichtige Voraussetzung zum Gelingen der Techniken. Doch selbst das Sammeln und Einordnen der Papierreste macht

schon den Kleinsten Spaß und spornt die Kinder zu neuen Ideen und ungewöhnlichen Werken an.

Schere

Das Papier für Collagen kann gerissen und geschnitten werden. Kinderscheren mit Kunststoffgriffen und abgerundeten Spitzen eignen sich besonders für Anfänger gut. Das Kind sollte Gelegenheit bekommen, die Formen frei auszuschneiden, um den Umgang mit der Schere zu lernen und seine motorischen Fertigkeiten zu üben. Natürlich ist es wichtig, die richtige Handhabung der Schere zu zeigen und die Lernschritte zu begleiten.

Klebstoff

Bei der Arbeit mit Kindern sollte auf lösungsmittelfreie, gesundheitsunschädliche und umweltverträgliche Klebeprodukte geachtet werden. Die herkömmlichen wasserlöslichen Papierkleber und Klebestifte haben sich durch diese Eigenschaften längst bewährt und eignen sich gut für Papierklebearbeiten.

Empfehlenswert ist auch angerührter Tapetenkleister, allerdings wellt sich dünnes Papier, und der Trockenvorgang dauert länger als bei Klebstoffen. Tapetenkleister ist bei den Kindern jedoch sehr beliebt und lässt sich auch gut mit einem Pinsel auftragen. Mit Wasser angerührt und in einem Glas luftdicht verschlossen, kann dieser Klebstoff problemlos lange Zeit aufbewahrt werden.

Arbeitsplatz

Vor der Arbeit sollte der Tisch mit einem Wachstuch oder mit alten Zeitungen abgedeckt werden. Zum Schutz der Kleidung dient ein altes Hemd oder ein Malerkittel.

Der Elefant im Porzellanladen

Material:

- heller, möglichst blauer Tonkarton als Untergrund (mind. DIN-A4-Format)
- graue Tonpapierreste
- ausgediente Kataloge, Zeitschriften, Prospekte etc.
- Bleistift
- Filzstifte
- Schere
- Klebstoff
- Wasserfarben
- Pinsel
- Wasserglas
- Lappen
- Malerkittel
- Zeitungspapier als Unterlage

Weitere Themenvorschläge:

- „Der Apfel fällt nicht weit vom Stamm."
- „Der Spatz in der Hand ist besser als die Taube auf dem Dach."
- „Viele Köche verderben den Brei."
- „Aus einer Mücke einen Elefanten machen."

Collagen mit vorgefundenen einfarbig-bunten Papieren sind ein ideales Betätigungsfeld für kleinere Kinder. Haben sie dann bereits Erfahrungen mit dieser Technik gesammelt, können die Themen und Darstellungen anspruchsvoller werden. Mit verschiedenen, auch bedruckten Materialien wie Prospekten, Zeitschriften und Ähnlichem, auch durch Zeichnungen ergänzt, erlebt das Kind zusätzliche Gestaltungsmöglichkeiten.

Zum Vorlesen:

Du kennst das sicher: Zu vielen Gelegenheiten gibt es das passende Sprichwort. Doch vielleicht hörst du solch eine Redensart, ohne den eigentlichen Sinn zu verstehen. Was hälst du davon, einmal ein Sprichwort als Collage darzustellen?

„Wie ein Elefant im Porzellanladen", so wird manchmal jemand bezeichnet, der sich tollpatschig benimmt. Zeige in deiner Collage, wie ein Elefant in dem Laden auftritt. Natürlich darfst du in deinem Bild ordentlich übertreiben, dann macht es mehr Spaß. Und wenn dich einmal jemand so nennt, dann stellst du dir deine Collage vor und schmunzelst ganz heimlich über dieses Sprichwort.

So wird's gemacht:

1 Mit großzügigen Pinselstrichen bemalst du den Tonkarton mit blauer Wasserfarbe und lässt ihn trocknen. Wenn dein Karton bereits die passende Farbe hat, kannst du dir diesen Arbeitsschritt sparen.

2 Suche in Katalogen und Zeitschriften nach geeigneten, möglichst hellen Abbildungen für dein Thema; die wirken in diesem Fall am besten. Dann schneidest du Tassen, Teller, Kannen und so weiter, also verschiedene Porzellanteile aus und legst dir eine ganze Sammlung auf dem Tisch zurecht.

3 Du brauchst natürlich auch einen Elefanten. Findest du in den verschiedenen Zeitschriften keine geeignete Abbildung, gestaltest du ihn dir selbst. Dazu zeichnest du die Umrisse des Tieres auf graues Tonpapier, schneidest die Einzelteile aus und klebst sie auf den blauen Untergrund. Es ist leichter, die Tierfigur aus Einzelteilen zusammenzusetzen, denn Bewegungen können so besser ausgedrückt werden.

4 Mit Wasserfarben oder Filzstiften ergänzt du deinen Elefanten, indem du Augen, Haare, Falten und Füße dazuzeichnest.

5 Damit die „Zerstörung" des Porzellans richtig deutlich wird, zerschneidest du viel von diesen Porzellanteilen, bevor du sie aufklebst. Natürlich könnten die Einzelmotive auch gerissen werden, doch weil Porzellan hart und scharf bricht, passen geschnittene Kanten besser dazu.

Unsere Insel

Material:
- **ein Bogen blaues Seidenpapier**
- **bunte Seidenpapier-reste**
- **zwei farblose durchsichtige DIN-A4-Folien (zum Beispiel die Vorderseite von Schnellheftern)**
- **Schere**
- **Klebstoff**
- **Zeitungspapier als Unterlage**

Weitere Themenvorschläge:
- **Schneelandschaft**
- **Unterwasser-landschaft**
- **Sturm auf dem Meer**
- **Bäume**
- **Feuerwerk**

Eine transparente Collage lebt natürlich vom durchscheinenden Licht. Es eignen sich dazu alle lichtdurchlässigen Papiere: Butterbrotpapier, Durchschlagpapier, Seidenpapier und Transparentpapier. Durchs Übereinanderschieben und Falten entstehen mehrere Lagen und somit verschiedene Helligkeitsstufen und sogar neue Farbtöne. Selbst kleine Kinder sind beim Experimentieren mit den Papieren von den erstaunlichen Wirkungen überrascht.

Zum Vorlesen:

Unsere Insel liegt ganz weit weg
draußen im blauen Meer.
Zu ihr führt weder Brücke noch Steg.
Ihr Strand ist menschenleer.
Doch es liegt an uns allein,
an unserer Fantasie,
ob sie so unbelebt soll sein
oder voll wie der Strand von Rimini.

So wird's gemacht:

1 Für das Wasser schneidest du ein Stück blaues Seidenpapier etwa in der Größe der farblosen Folie zu. Teile es von der Mitte aus mit ein paar Längs- und Querschnitten ein, ohne die Ränder durchzuschneiden!

2 Lege das Papier auf die Folie und falte alle Ecken und Ränder um. Durch das Umklappen und Zusammenschieben des Papiers erhälst du verschiedene dunklere Blautöne. Die Wirkung des Papiers lässt sich am besten kontrollieren, wenn du das Bild zwischen die Folien klemmst und immer wieder gegen das Licht hälst.

3 Bist du mit der Anordnung zufrieden, klebst du das Papier vorsichtig fest. Dabei ist es wichtig, die Untergrundfolie mit dem Klebestift zu bestreichen und nicht das Papier, da es leicht reißt und am Finger haftet. Es genügen nur ganz wenige Klebepunkte, denn das fertige Bild wird ja später durch die beiden Folien zusammengehalten.

4 Ist das blaue Wasser fertig, kannst du für deine Insel weitere Einzelteile ausschneiden, falten, schieben und ankleben. Dabei kommt es nicht auf exaktes Ausschneiden an, denn durch das Schieben und Falten ist zunächst ohnehin alles in „Bewegung". Die einzelnen Papierteile können ebenso gerissen werden.

5 Zum Schluss legst du das Transparentbild zwischen die Folien, die du mit ein paar Klebepunkten zusammenhälst. Das fertige Bild befestigst du einfach mit transparentem Klebefilm am Fenster. – Eine Variante: Du lässt den blauen Rahmen weg und beginnst gleich mit der Gestaltung der Insel.

EXTRA-TIPP:
Auch Transparentbilder, die auf weißem Papier gemacht sind, wirken sehr schön; das Papierweiß leuchtet durch die farbigen Papiere hindurch und gibt ihnen eine außergewöhnliche Leuchtkraft. Probiere auch einmal Seidenpapier auf schwarzem Tonpapier aus. Obwohl die Farben dunkler erscheinen, wirken sie dennoch intensiv.

Die Kellertiere

Es müssen nicht immer teure Buntpapiere für die Herstellung von Collagen verwendet werden. Alte, mit Deckfarben bemalte Zeitungen eignen sich hervorragend als Ausgangsmaterial für schöne Arbeiten. Außerdem steht dem Kind dadurch die ganze Farbpalette zur Verfügung, denn es kann das Papier ja nach Belieben einfärben.

Material:
- **gutes Malpapier**
- **alte Zeitungen**
- **Deckfarben**
- **breiter Borsten-pinsel**
- **Bleistift**
- **Schere**
- **Klebestift**
- **Wasserglas**
- **Lappen**
- **Malerkittel**
- **Zeitungspapier als Unterlage**

Weitere Themenvorschläge:
- **Räuberhöhle**
- **Blumenstrauß**
- **Zauberschloss**
- **Faschingsmasken**
- **Feuer**
- **Clown**
- **Hampelmann**
- **Wassernixe**
- **Wassermann**

Zum Vorlesen:

Im Keller sammelt Mutter die ausgedienten Tageszeitungen für die nächste Altpapiersammlung. Auch heute trägt sie wieder eine Zeitung in den Keller und legt sie auf den noch recht kleinen Stapel.

Als das Kellerlicht wieder erlischt, hört man eine Zeitung mit piepsiger Stimme rufen: „Ach ja, nun dauert es noch eine ganze Zeit, bis aus uns Altpapieren wieder frisch bedrucktes Zeitungspapier wird!" Eine andere Zeitung des Stapels stimmt ihr zu und meint: „Dabei könnte man aus uns zum Beispiel schöne Tierbilder gestalten. Das wäre mal eine Abwechslung für uns und für die Kinder ein großer Spaß!"

Kurze Zeit später geht das Kellerlicht wieder an und man hört Schritte die Kellertreppe herunter kommen. Von oben fragt die Mutter: „Melina, was willst du denn im Keller?"

Melina antwortet: „Ich hole mir nur ein paar alte Zeitungen zum Malen, Mama!" Und unten im Keller kichern, für Melina nicht zu hören, die alten Zeitungen ganz aufgeregt – ob aus ihnen bunte Tiere werden?

So wird's gemacht:

1 Bemale mit Deckfarben einige Bogen Zeitungspapier in unterschiedlichen Tönen. Dabei sollte die Farbe so verdünnt werden, dass das Gedruckte der Zeitung noch hindurchschimmert. Dieser transparente Farbauftrag wirkt beim fertigen Bild sehr reizvoll, die Collage wird dadurch lebendiger, was ja gut zu Tieren passt. Denn Fell, Federkleid und Schuppen sind ja auch meistens gemustert.

2 Während die Farbe trocknet, entwirfst du mit Bleistift die Grundform deines Kellertieres auf dem weißen Malpapier.

3 Aus dem getrockneten, eingefärbten Zeitungspapier reißt du viele Schnipsel und Streifen in verschiedenen Größen, Farben und Formen.

4 Streiche einen Teil der Grundform für das Tier mit dem Klebestift ein und drücke ausgewählte Papierschnipsel darauf fest. Wenn du besondere Einzelteile benötigst, kannst du sie auch mit der Schere ausschneiden und dazu kleben.

5 Sind die Papierteile festgeklebt, malst du den Hintergrund mit Deckfarbe: in einem Ton, der zu deinem Tiermotiv passt.

6 Betrachte dann dein Kellertier-Kunstwerk. Wenn es noch lebendiger wirken soll, kannst du nachträglich einige Papierstücke der Collage in einer ganz anderen Farbe bemalen oder verschiedene Details wie Augen, Maul, Krallen usw. hinzufügen.

EXTRA-TIPP:
Bemaltes Zeitungspapier wirkt etwas stumpf. Schöne Akzente kannst du setzen, indem du zusätzlich Einzelteile aus geschnittenem, farbigem Glanzpapier aufklebst. So wird die Oberfläche deiner Collage noch lebendiger.

Die Wunderblume

Diese Collage aus selbst bemaltem Papier ermöglicht dem Kind, das bewusste Aufhellen von Farben zu üben. Es erkennt, dass durch das Zumischen von Deckweiß viele Tonwerte einer Farbe entstehen und dass mit Weiß aufgehellte Farben (Pastelltöne) kälter erscheinen. Am besten schränken Sie die Auswahl ein: Das Kind sucht sich für eine Blume nur eine Ausgangsfarbe aus. Nur so erlebt es, dass eine Einschränkung (hier im Farbton) dennoch in der Helligkeit (Tonwert) zu großer Vielfalt führen kann.

Material:

- **gutes Malpapier (DIN-A3-Format)**
- **Deckfarben**
- **Deckweiß**
- **Mischpalette**
- **Borstenpinsel (mindestens Nummer 10)**
- **Wasserglas**
- **Lappen**
- **Malerkittel**
- **Zeitungen zum Unterlegen**
- **großer Bogen schwarzes Tonpapier oder Tonkarton**
- **Klebstoff**

Weitere Themenvorschläge:

- **Winterschloss**
- **Unter Wasser**
- **Zaubervogel**
- **Bäume im Winter**
- **Eiskristalle**
- **Winterlandschaft**

Zum Vorlesen:

Im eiskalten Norden, wo der Schnee knirscht und die Eisberge nie auftauen, blüht alle 100 Jahre eine Wunderblume auf – meist völlig unbemerkt und ohne Zuschauer. Sie zeigt sich dann nachts für nur eine einzige Stunde in den schönsten und leuchtendsten Farbtönen.

Sollte ein Kind das Glück haben, genau zu diesem Zeitpunkt die sonst unscheinbare Blume zu entdecken, hat es einen Wunsch frei.

So wird's gemacht:

1 Wähle dir zuerst eine einzige Farbe aus. Bemale damit großflächig ein weißes Blatt Papier.

2 Mische diese Farbe dann mit wenig Deckweiß an, um eine zweite Fläche damit zu bemalen. Auf diese Weise färbst du weitere Blätter mit immer helleren Abstufungen deiner Farbe ein. Bedenke: Je dunkler dein Ausgangston ist, umso mehr Stufen kannst du erzeugen. Bei Gelb zum Beispiel wird es schwieriger.

3 Lege diese verschieden hellen Blätter jetzt zum Trocknen beiseite.

4 Danach reißt du aus diesen bemalten Papieren die Blütenblätter der Wunderblume in verschiedenen Größen und Formen aus. Dabei achtest du darauf, wirklich alle vorbereiteten Farbabstufungen zu benutzen. Du kannst einzelne Blätter, aber auch ganze Gruppen gleichzeitig reißen.

5 Diese Blütenblätter ordnest du auf schwarzem Tonpapier an und probierst dabei unterschiedliche Wirkungen in der Zusammenstellung von Form und Farbe aus: Sollen die hellsten Blätter innen oder außen sein? Liegen die Blätter dicht übereinander? Ist Abstand dazwischen? Soll das Innere der Blüte genau in der Mitte sitzen oder seitlich verschoben?

6 Bist du mit deinem Bild zufrieden, klebst du alle Teile auf den schwarzen Untergrund auf. Wie du siehst, bringt das Schwarz die Farben richtig zum Leuchten.

EXTRA-TIPP:
Wenn du bemaltes Papier reißt, entstehen weiße Ränder auf der Oberseite. Möchtest du, dass deine Blütenblätter so umrandet sind, musst du die Fläche für das Blatt festhalten und das äußere Papier nach oben abreißen. Machst du es umgekehrt, ist der weiße Rand auf dem weggerissenen Papier zu sehen. Probiere das vorher an Resten aus!

MATERIALMIX – EINE KREATIVE ENTDECKUNGSREISE

Was könnte spannender sein, als verschiedene Techniken und Materialien miteinander zu kombinieren? In diesem letzten Kapitel soll eine Fortsetzungsgeschichte dazu inspirieren.

Kinder arbeiten mit großem Eifer, wenn sie neue Aufgabenfelder vor sich sehen. Vor allem Mischtechniken geben viel Freiraum zum Erproben und Experimentieren, am besten dann, wenn bereits Grundkenntnisse über Materialien und Techniken vorhanden sind.

Hier ein besonderer Tipp: Wie wäre es mit einem selbst gemachten Bilderbuch? Kinder lieben es, mit ihren Bildern Geschichten zu erzählen. Im eigenen Bilderbuch verarbeiten sie mit viel Spaß ihre Erlebnisse. Das Selbstwertgefühl wächst. Zudem lassen sich dabei die eigenen, schöpferischen Kräfte vielfältig erproben.

Eine Reise durch die Nacht

Material für die Durchreibetechnik (Frottage):

- dünnes Zeichenpapier
- Holzstücke, Tapetenreste mit Strukturen, grobe Stoffe
- Wachsmalkreiden (möglichst in Blockform)

Material für die Mischtechnik:

- gutes Malpapier
- Strukturpapiere
- Schere
- Klebstoff
- helle, leuchtende Ölkreiden
- schwarze und blaue Deckfarbe
- Borstenpinsel
- Wasser
- Lappen
- Malerkittel
- Zeitungspapier als Unterlage

Weitere Themenvorschläge:

- Fliegender Drache
- Versunkenes Schiff
- Geistertanz
- Nachtspaziergang der Zwerge

Das Spiel mit unterschiedlichen Materialien und der Wechsel von Schneiden, Kleben und Malen bereitet Kindern viel Freude. Mehrere Arbeitsschritte erfordern jedoch etwas Ausdauer. Deshalb ist es für kleinere Kinder günstig, die benötigten Strukturpapiere in der Frottage-Technik schon vor der Umsetzung des Themas zu gestalten.

Zum Vorlesen:

Mitten in der Nacht wacht Anna auf. Jemand klopft an das Fenster. Sie reibt sich die Augen und krabbelt aus ihrem Bett. Vor dem Fenster steht ihr Pferd Nera und sagt: „Komm, lass uns durch die Nacht reiten! Ich kann nicht schlafen – und es gibt so viel zu sehen."

Das lässt Anna, die das Reiten liebt, sich nicht zweimal sagen und steigt im Nachthemd auf. Beide ziehen voller Abenteuerlust los. Was sie wohl alles entdecken werden?

So wird's gemacht:

1 Gestalte zunächst Papiere in der Durchreibetechnik (Frottage). Dazu suchst du Oberflächen mit verschiedenen Strukturen: zum Beispiel raue Holzstücke, Relieftapetenreste oder grobe Stoffe. Lege das dünne Zeichenpapier auf diese Oberflächen und reibe mit Wachsmalkreide ganz flach (mit der Breitseite) darüber: Der Untergrund zeichnet sich auf dem Papier ab. Ist das Papier zu dick, können sich die Muster nicht gut durchdrücken.

2 Aus diesen Papieren gestaltest du das Pferd. Schneide die Körperteile aus und klebe sie auf festes Zeichenpapier. Einige Einzelteile kannst du durch Zeichnen mit Ölkreiden ergänzen.

3 Nun malst du mit Ölkreiden die Reiterin dazu. Damit sich Maria später gut vom nächlichen Hintergrund abhebt, nimmst du helle, leuchtende Farben. Durch gründliches Ausmalen der Flächen erscheint ihre volle Leuchtkraft.

4 Zum Schluss malst du mit Deckfarben den Hintergrund. Dazu mischst du blaue und schwarze Farbe mit wenig Wasser, bis der gewünschte Ton erreicht ist. – Übrigens: Auf der nächsten Doppelseite geht die Geschichte weiter.

Bäume im Nebel

Wasserfest auftrocknende Filzstifte und Deckfarben passen gut zusammen, wenn das Zeichnen mit dem Malen kombiniert wird. Wie bei vielen anderen bildnerischen Themen leiten auch hier linear-grafische Motive zum flächigen Farbauftrag über.

Zum Vorlesen:

Anna reitet durch die Nacht. Es ist nebelig geworden und Anna fürchtet sich etwas. „Die Bäume sehen unheimlich aus", jammert sie. Ihr treues Pferd Nera beruhigt sie: „Nur weil es nebelig ist, brauchst du keine Angst zu haben. Komm, wir reiten nah an die Bäumen heran, dann siehst du, dass deine Angst unbegründet ist."

Anna schaut sich die knorrigen Zweige und Äste genau an. Große und kleine Bäume in verschiedenen Formen stehen da und lassen die Nebelschwaden an sich vorüberziehen. Nur ein leises Knarren und Rauschen ist zu vernehmen. Und Anna hört die Bäume flüstern: „Du brauchst dich nicht zu fürchten, wir spielen mit dem Nebel nur Verstecken!"

Die Bäume strahlen nun Ruhe und Gelassenheit auf Anna aus und sie sagt zu Nera: „Du hast Recht gehabt, Nera. Ich brauche wirklich keine Angst zu haben." Und so beschließen beide, sich wieder auf den Weg zu machen.

So wird's gemacht:

1 Befeuchte mit dem Schwamm das Malpapier. Achte aber darauf, dass keine Pfützen darauf stehen bleiben.

2 Nun rührst du die schwarze Deckfarbe mit viel Wasser an und malst mit dem dicken Borstenpinsel in großzügigen Strichen den Hintergrund des Bildes: die nebelig-graue Nacht.

3 Wenn die Farbe getrocknet ist, zeichnest du mit schwarzen Filzstiftlinien und -punkten die Bäume auf. Die Äste sollen knorrig sein und in verschiedene Richtungen wachsen. Interessanter wird dein Bild, wenn die Bäume unterschiedlich groß und verschieden angeordnet sind. So erhöhst du die Spannung und Ausdruckskraft. Es ist wichtig, dass dein schwarzer Filzstift wasserfest ist.

4 Nun fehlt noch der unheimliche Nebel im Vordergrund, damit der Betrachter des Bildes die nächtliche Stimmung nachvollziehen kann. Dazu übermalst du es zum Schluss teilweise mit weißer Deckfarbe. Du solltest sie aber stark verdünnen, damit sie transparent wirkt und tatsächlich an Nebel erinnert. – Auf Seite 27 findest du ein weiteres Bildbeispiel und auf Seite 116, was auf der nächtlichen Reise weiter passiert.

EXTRA-TIPP:
Hast du einmal beobachtet, wie eine dünne Nebelschicht über einer Wiese liegt oder sich durch ein Tal wälzt? Deshalb sieht es schön aus, wenn du in deinem Bild den Nebel nicht kreuz und quer übers Blatt malst, sondern in waagerechten Strichen.

Die Schnecken

Material:
- **fester Karton (mind. DIN-A4-Format)**
- **dicke Schnur**
- **Tapetenkleister**
- **Pinsel**
- **weiches Papier (Papiertaschentücher, Toilettenpapier)**
- **Deckfarben**
- **Wasserglas**
- **Lappen**
- **Malerkittel**
- **Zeitungspapier als Unterlage**

Weitere Themenvorschläge:
- **Vögel**
- **Schmetterling**
- **Ornamente**
- **Blumen**
- **Masken**
- **Namensschilder**

Für solche Schnurbilder sind einige Vorbereitungen nötig, doch der Aufwand lohnt sich. Wie beim Schnurdruck werden Formen mit Schnüren aufgeklebt, mit weichem Papier überzogen und bemalt. Das bunte Bildrelief hat einen ganz eigenen Reiz, so ist alle vorherige Mühe vergessen! Mit einiger Hilfestellung können selbst die Kleinsten mitmachen.

Zum Vorlesen:

Gerade will Anna wieder aufs Pferd Nera steigen, um weiterzureiten, da fühlt sie an einem glatten Baumstamm etwas Merkwürdiges. „Huch, was ist das denn?", fragt sie tastend und zieht dann ihre Hand zurück.

„Ich bin die Farbenschnecke Stanislaus. Und neben mir kriecht meine Schwester Isolde. Sie ist noch farblos, weil sie sich nicht entscheiden kann, wie sie einmal aussehen möchte."

Leider sieht Anna in der Dunkelheit gar nichts. Doch plötzlich lässt die dicke Wolke vor dem Mond etwas Licht in den Wald fallen: Tatsächlich, ganz schwach kann Anna die beiden Geschwister erkennen.

„Und wie heißt ihr?", will die Schnecke wissen. „Nun, das ist mein Pferd Nera und ich heiße Anna. Was macht ihr denn noch so spät in der Nacht hier draußen? Solltet ihr nicht auch zu Hause im Bett liegen und schlafen?", fragt Anna erstaunt.

„Nein, wir nicht", meint Stanislaus, „aber vielleicht du? Wir tragen unser Haus immer mit uns herum, schau her. So können wir uns überall schlafen legen, egal wo wir gerade sind!"

„Das ist aber praktisch!", findet Anna. „Ich kann jetzt noch nicht nach Hause; wer weiß, welche Abenteuer mich noch erwarten."

Da gibt die Wolke den ganzen Mond frei – und Anna sieht Stanislaus im Mondlicht prächtig leuchten, während sich Isolde beschämt hinter einem Blatt versteckt hat. Anna verabschiedet sich von den beiden und reitet mit Nera weiter durch die Nacht.

So wird's gemacht:

1 Mit Pinsel und Tapetenkleister trägst du dick die Umrisse der Schnecke auf den Karton auf. Jetzt legst du die Schnur in die Klebeflächen und drückst sie an. Sie muss nicht in einem Stück verlegt werden, Einzelteile können abgeschnitten oder hinzugefügt werden. Da der Kleister nur langsam anzieht, sind Veränderungen noch eine Weile möglich.

2 Wenn die Schnur schon etwas festklebt, bestreichst du das ganze Bild mit Tapetenkleister und legst das weiche Papier darauf. Mit dem Pinsel drückst du es überall fest. Achte darauf, dass es auch gut in den Vertiefungen zwischen den Schnüren klebt. Sollte dir das dünne Papier einmal reißen, ist zum Ausbessern eine zweite Schicht nötig.

3 Wenn der Tapetenkleister angetrocknet ist, kannst du deine Schnecke mit Deckfarben bemalen. – Zum Weiterlesen der Geschichte blätterst du einfach um.

Es leuchtet ein Zauberschloss

Material:
- gutes Malpapier
- Wachsmalkreiden in hellen Tönen (auch Metallic-, Neonfarben)
- Deckfarben
- Borstenpinsel Nr. 10
- Wasser
- Lappen
- Malerkittel
- Zeitungspapier als Unterlage

Weitere Themenvorschläge:
- Regenbogenland
- Mohnblumenwiese
- Riesentorte
- Sternenhimmel
- Orientalische Stadt
- Hochhäuser bei Nacht

Eine Wachsmalkreidezeichnung, mit Deckfarben übermalt – diese Technik ist bei Kindern sehr beliebt. Die Erfahrung, wie das Wasser von der Wachsschicht abperlt und interessante Strukturen bildet, fasziniert sie immer wieder.

Zum Vorlesen:

Das Pferd Nera wird langsam müde, doch Anna ist noch recht munter. Während sie so durch die Nacht reiten, sehen sie plötzlich vor sich die Lichter eines wunderschönen Schlosses. Manche Türme haben Kuppeln, andere wiederum Zinnen; und viele kleine Fenster umrahmen das mächtige Eingangstor.
Sie reiten zu dem Schloss und machen dort eine kurze Verschnaufpause. „Wem mag wohl dieses Schloss gehören?", fragen sie sich. „Ob es von einer Prinzessin bewohnt wird?" Neugierig gehen sie näher an das große, hölzerne Eingangstor. Etwas eingeschüchtert stehen sie vor den großen Türmen, die hoch in den Himmel ragen. „Schau nur", flüstert Anna ihrem Pferd zu, „wie schön ihre Kuppeln im Mondlicht leuchten!" „Wunderschön", wispert Nera zurück. „Ich wüsste ja wirklich gerne, wer in solch einem schönen Schloss lebt."

So wird's gemacht:

1 Zeichne mit hellen, leuchtenden Wachsmalkreiden dein Schloss auf das Malpapier. Dabei trägst du die Farben mit kräftigem Druck deckend auf. Einige Flächen wie Türme, Dächer oder Fenster malst du ganz mit Kreide aus. Zu viele kleine Einzelheiten solltest du aber vermeiden, sie wirken nach dem nächsten Arbeitsgang bei dieser Technik nicht schön.

2 Prüfe danach alle Wachsmalkreidelinien und -flächen und zeichne sie bei Bedarf nochmals nach.

3 Nun mischst du mit Deckfarben ein geheimnisvolles dunkles Blau mit Wasser an und übermalst mit dem Borstenpinsel das ganze Bild, auch die Zeichnung. Denn von der wachshaltigen Farbe perlt die Wasserfarbe ab und bleibt nur stellenweise als Tröpfchen darauf stehen; sie gelangt nicht ans Papier unter der Wachsschicht und überdeckt sie auch nicht. Dein Schloss aus Wachsmalkreiden leuchtet also aus dem dunklen Hintergrund heraus. – Willst du wissen, wer darin wohnt? Dann blättere zur nächsten Geschichte um.

Die Prinzessin

Warum nicht Pastellfarben mit einer Collage kombinieren? Prinzessinnen, Könige und ähnlich prächtige Figuren sind den Kindern aus Märchen und Geschichten bekannt. Meist macht ihnen die Darstellung dieser mächtigen, glänzenden und schön gekleideten Personen viel Spaß. Für Kinder, die noch mit großem Krafteinsatz malen, eignen sich Wachsmalkreiden besser als die empfindlichen Pastellkreiden.

Material:
- schwarzes raues Tonpapier (DIN-A 3-Format)
- Pastellkreiden in leuchtenden Farben
- Papierreste: Glanzpapier, Buntpapier, Folien
- Bleistift
- Schere
- Klebstoff

Weitere Themenvorschläge:
- Prinz
- König
- Meine Freundin
- Feine Leute
- Braut
- Porträt

EXTRA-TIPP: Pastellkreide verwischt leicht, doch unerwünschte Spuren kannst du vorsichtig mit einem feuchten Tuch vom Tonpapier abwischen. Vergiss nicht, das Bild zu fixieren (mit Fixativ- oder Haarspray), was aber meist den Farben die Leuchtkraft nimmt.

Zum Vorlesen:

Anna und Nera lugen neugierig in ein Schlossfenster hinein. Nichts ist zu sehen. Plötzlich öffnet sich knarrend das Tor. Erschrocken weichen sie zurück – da kommt eine wunderschöne Prinzessin mit langen blonden Haaren heraus: mit samtrotem Kleid und goldener Halskette; auf ihrer Krone glitzern blaue Edelsteine im Mondenschein. Die Krone sitzt etwas schief auf ihrem Kopf, denn die Prinzessin hatte bereits geschlafen.

„Wer seid ihr denn? Ich dachte, ich hätte meine Abfallraupe gehört, die ich seit heute Nachmittag vermisse. Ihr habt sie nicht zufällig auf eurem Weg gesehen? Sie ist sehr schön und hilft mir, mein Zimmer in Ordnung zu halten. Denn sie frisst alle Materialreste, die beim Basteln anfallen. Denn ich bastle, zeichne und male unheimlich gerne; da entsteht immer Abfall. Bitte sucht sie unterwegs für mich! Ich sehe selbst noch einmal im ganzen Schloss nach.“

Anna verspricht, ihre Raupe zu suchen, und zieht mit Nera weiter.

So wird's gemacht:

1 Damit die Kreide haften bleibt, darf der Malgrund nicht zu glatt sein. Guter fester Tonkarton ist meist griffig genug. Mit den Kreiden zeichnest du Kopf und Schultern der Prinzessin zuerst als Umrisse auf. Oben muss genug Platz für die Krone bleiben!

2 Betrachte nun im Spiegel ganz genau dein Gesicht: Wo sitzen die Augen, die Augenbrauen, die Nase und der Mund? Welche Formen, Farben und Eigenheiten siehst du? Male dann mit Pastellkreide die Prinzessin aufs Papier. Prüfe immer wieder im Spiegel, wie Gesichter aussehen.

3 Zeichne die Krone mit Bleistift auf Glanzfolie, schneide sie aus und befestige sie mit Klebstoff am Kopf.

4 Aus den Papierresten schneidest du die Einzelteile für die Kette und die schmückenden Edelsteine der Krone aus und klebst sie dazu. – Meinst du, die Raupe taucht wieder auf? (Siehe Seite 122.)

Abfallraupe gefunden!

Material:

- **gutes Malpapier (DIN-A3-Format)**
- **Bleistift**
- **verschiedene Materialien: Wolle, Moosgummi-, Stoffreste, Federn, Glimmer usw.**
- **Schere**
- **Alleskleber**
- **Deckfarben**
- **dicker Borstenpinsel**
- **Mischpalette**
- **Wasserglas**
- **Lappen**
- **Malerkittel**
- **etwas Sand**

Weitere Themenvorschläge:

- **Diebische Elster**
- **Hungrige Schnecke**
- **Hexenhaus**
- **Mein Traumkleid**
- **Clown im bunten Kostüm**

Materialcollagen bieten den Kindern Abwechslung und neue Anregungen zum Kreativsein. Unterschiedlichste Materialien können verwendet werden: Stoffreste, Federn, Watte, Pelzreste, Blätter, Muscheln, Borten, Wolle, Zahnstocher, Perlen und vieles mehr. In der Natur und in jedem Haushalt finden sich Dinge, die sich verarbeiten lassen. Auch das Mischen von Farbe und Sand bietet dem Kind viel Raum, neue Materialerfahrungen zu machen und zu experimentieren.

Zum Vorlesen:

Anna und Nera sind noch nicht weit vom Schloss entfernt, da hören sie eine leise, klagende Stimme: „Oh, ich habe ja solche Bauchschmerzen! Das war heute zu viel des Guten. Da hab ich mich wohl etwas übernommen! Oh, wie das in meinem Bauch grummelt und blubbert!"

Als sie näher reiten, sehen Anna und Nera eine wunderliche Raupe, die sich sehr langsam und schwerfällig in Wellenlinien fortbewegt.

„Hallo Abfallraupe!", begrüßt sie Anna. „Du wirst schon von deiner Prinzessin gesucht!"

„Oh, nein", seufzt die Raupe erschrocken, „ich kann jetzt nichts mehr essen! Ich bin bis zum Hals voll! Heute hat die Prinzessin wieder so viel gebastelt und allen möglichen Abfall am Boden liegen lassen. Wisst ihr, dass es meine Aufgabe ist, alle Bastel- und Malreste aufzuessen, weil die Prinzessin nicht aufräumen will? Ich brauche jetzt erst einmal einen ausgedehnten Verdauungsspaziergang. Wenn die Prinzessin

doch nur besser aufräumen würde!", schimpft die Abfallraupe und zieht jammernd in Wellenlinien weiter.

Anna schaut mitleidig hinterher und nimmt sich vor, ab jetzt zu Hause besser aufzuräumen. Sollte die Abfallraupe sie jemals besuchen, muss sie bei ihr nicht arbeiten.

So wird's gemacht:

1 Zeichne zuerst mit Bleistift den Umriss der Raupe aufs Papier. Fahre diese Linie mit Alleskleber nach und klebe Wollreste auf diese Kontur.

2 Nun füllst du die Abfallraupe. Dazu schneidest du die unterschiedlichsten Materialien zurecht und klebst sie in die Körperfläche hinein.

3 Zum Schluss vermischst du in der Mischpalette dick angerührte Deckfarbe mit Sand und malst damit den Hintergrund des Bildes. – Wen mögen Anna und Nera noch auf ihrer Reise durch die Nacht treffen? Die Geschichte geht auf der nächsten Doppelseite weiter.

EIN GEDICHT:
Ich bin ein kleines Abfalltier,
fress' Wolle, Federn und Papier
und viele Sachen,
die auf dem Boden liegen,
die beim Spielen
nur durchs Zimmer fliegen.
Ihr Kinder, helft mir doch dabei,
Aufräumen ist keine Zauberei!
Und wenn ich euer
aufgeräumtes Zimmer seh',
tut mir mein Bauch
danach auch nicht mehr weh!

Die verlorene Feder

Material:
- graues Tonpapier (DIN-A4-Format)
- Bleistift
- Strukturpapiere oder dünnes Papier und schwarze Wachsmalkreide
- schwarzer Filzstift
- Schere
- Klebstoff

Weitere Themenvorschläge:
- Seltene Pflanzen
- Blume in der Nacht
- Ungeheuer
- Drache
- Winterkönig
- Rübezahl
- Gespenstertanz
- Urwald bei Nacht

Filzstift, Wachsmalkreide, Schere und Papier – hier sind grafische Verfahren mit der Collagetechnik kombiniert. Das Thema verdeutlicht den Kindern die Wirkung von Hell-Dunkel-Kontrasten (siehe auch Seite 29), zudem üben sie die formatfüllende Anordnung von verschiedenen Einzelelementen.

Zum Vorlesen:

In Gedanken versunken reitet Anna mit Nera weiter durch die Nacht, als sie plötzlich eine piepsige Stimme hört: „Hallo, ihr beiden. Gut, dass ihr kommt. Könnt ihr mir helfen?"

Anna schaut sich um, kann aber niemanden entdecken. „Hier oben bin ich", ruft es von einem Baum. Anna blickt hinauf in die Baumwipfel und sieht dort einen Vogel in einem schönen Federkleid.

„Ich bin ein Nachtvogel und habe meine schönste Feder verloren", klagt der Vogel. „So kann ich mich nirgends mehr sehen lassen. Die anderen Nachtvögel werden mich auslachen, wenn ich so dahergeflogen komme."

Anna schaut den kleinen Vogel verständnislos an und sagt: „Darüber musst du wirklich nicht traurig sein. Ich kenne Vögel, die haben nicht eine einzige so schöne Feder, wie du sie hast. Wenn einer dieser Vögel deine Feder findet – was meinst du, wie der sich darüber freut."

Der kleine Vogel fängt an nachzudenken und meint schließlich: „Eigentlich hast du ja Recht. Wenn ich es mir genau überlege, dann sind meine anderen Federn genauso schön. Und sollte wirklich ein anderer Vogel meine verlorene Feder finden, so freut mich das ebenso. Vielen Dank, jetzt fühle ich mich schon wieder viel besser."

Anna und Nera verabschieden sich vom kleinen Nachtvogel, der nun glücklich und zufrieden davonfliegt.

So wird's gemacht:

1 Zeichne den Umriss des Vogels auf dem grauen Tonpapier mit Bleistift leicht vor. Die weitere Ausgestaltung soll frei erfolgen.

2 Nun suchst du aus deinem Papiervorrat schwarzweiße Strukturpapiere heraus oder stellst welche in der Frottagetechnik her (siehe auch Seite 112/113). Dazu legst du dünnes Papier über raue, reliefartige Oberflächen und reibst mit schwarzer Wachsmalkreide flach darüber, bis sich die Struktur abzeichnet.

3 Nun schneidest du verschiedene Federformen aus den Strukturpapie-ren aus und ordnest sie auf deinem Tonpapier in Vogelform an. Dabei lässt du Stellen frei, die später mit schwarzem Filzstift ausgemalt werden. Helle und dunkle Flächen sollen sich abwechseln, es entsteht ein schön gemustertes Federkleid. Klebe die Einzelteile aber erst dann auf, wenn du mit der Anordnung wirklich zufrieden bist.

4 Mit schwarzem Filzstift vervollständigst du das Gefieder und zeichnest eventuell noch fehlende Körperteile, zum Beispiel Schnabel und Füße dazu. – Wenn du weiterblätterst, erfährst du, wie die Geschichte von Anna und Nera endet.

HAST DU DAS GEWUSST?
Frottage – dieses Wort für die Durchreibetechnik stammt aus dem Französischen (frotter = reiben). Derselbe Ursprung steckt im Begriff Frottier-Handtuch, mit dem du dich „abreibst".

Der Traumdrache

Filzstifte und Deckfarben treten hier gemeinsam auf: in hellen, leuchtenden Nuancen, damit der Drache in der dunklen Nacht gut zur Geltung kommt. Fabeltiere wie Ungeheuer und Drachen sind bei Kindern sehr beliebt und beflügeln ihre Fantasie und ihren Schaffensdrang.

Material:
- **gutes weißes Malpapaier (DIN-A3-Format)**
- **Filzstifte in hellen Tönen**
- **Deckfarben in hellen Tönen**
- **Borsten- oder Haarpinsel**
- **Mischpalette**
- **Wasserglas**
- **Lappen**
- **Malerkittel**
- **Zeitungspapier als Unterlage**

Weitere Themenvorschläge:
- **Feuerwerk**
- **Farbenfresserchen**
- **Maskentanz**
- **Unterwasserlandschaft**
- **Leuchtreklame in der Nacht**
- **Buchstabenlandschaft bei Nacht**

Zum Vorlesen:

Anna und Nera sind von ihrem Nachtausflug inzwischen etwas müde. Sie wollen vor der Morgendämmerung langsam, aber sicher nach Hause reiten. Plötzlich scheut Nera. Anna, die fast eingeschlafen war, blickt erschrocken auf. Vor ihnen steht ein dickbäuchiges Wesen mit vielen Zacken.

„Wer bist du denn?", fragt Anna etwas ängstlich. Das Wesen reckt und streckt sich und sagt: „Ich bin der Traumdrache und habe es sehr eilig. Ich wollte nur eine kurze Pause machen, aber dann bin ich wohl eingeschlafen. Jetzt habe ich großen Hunger, doch die Nacht ist bald vorbei. Meine Lieblingsspeisen sind nämlich die Träume der Kinder, natürlich nur die schlechten, die Alpträume!"

Nera und Anna schauen sich verwundert an und Anna fragt: „Frisst du auch meine schlechten Träume?"

„Natürlich", antwortet der Traumdrache, „geh nach Hause und schlaf schnell ein. Du brauchst dich vor schlechten Träumen nicht zu fürchten! Wenn du böse Träume hast, komme ich und fresse sie auf. – Ich muss nun weiter meinen großen Hunger

stillen. Auf Wiedersehen, ihr beiden, und schlaft schön!"

Anna winkt dem Traumdrachen nach und reitet mit Nera nach Hause zurück. Ein schöner und aufregender Ausflug geht zu Ende.

So wird's gemacht:

1 Zeichne mit hellen, leuchtenden Filzstiften ein großes, formatfüllendes Fantasietier aufs weiße Blatt. Dann zeichnest du verschiedene Muster und Formen mit dem Filzstift hinein, um die bösen Träume darzustellen.

2 Um das mühselige Ausmalen größerer Farbflächen mit Filzstiften zu umgehen, malst du sie mit Deckfarben und Pinsel aus. Nimm dazu helle, leuchtende Töne und mische die Farben mit etwas Deckweiß an.

3 Die Wirkung der hellen, bunten Farben lässt sich steigern, wenn der Hintergrund im Kontrast dazu dunkel ausgemalt ist. Hierfür nimmst du dunkle Deckfarbe, rührst sie mit etwas Wasser an und malst bis an die Ränder der Filzstiftzeichnung heran. Der Traumdrache springt nun fast aus dem Bild!

Im FALKEN Verlag sind zahlreiche Titel zum Thema „Kreative Kinderbeschäftigung" erschienen. Sie sind überall dort erhältlich, wo es Bücher gibt.
Von Heike und Werner Tenta sind bisher erschienen:
Kicherhexen und Vampire (Bd. 7383)
ABC – jeder Buchstabe eine Idee (Bd. 7522)

Sie finden uns im Internet: **www.falken.de**

Dieses Buch wurde auf chlorfrei gebleichtem und säurefreiem Papier gedruckt.

Der Text dieses Buches entspricht den Regeln der neuen deutschen Rechtschreibung.

Die Autoren bedanken sich bei allen Kindern, die mit großem Eifer bei der Herstellung der Bilder mitgewirkt haben: Franziska Angermeier, Melina und Tabita Neu, Andreas und Bernhard Küster, Ina und Nils Plettenberg, Maria und Elisabeth Rummel, Corinna Schmid, Agnes Gerhardt, Valentin und Valena Vögele, Patricia Ismailova, Miriam Reißler. Danke dem Kindergarten Winterrieden für die Bereitstellung des Bildes „Das Traumhaus", Herrn Anton Angermeier für Korrekturarbeiten und bei Maria Küster und Margit Schmid für viele Hilfeleistungen. Ein besonderer Dank für ihren unermüdlichen Einsatz, ohne deren Hilfe das Buch nicht entstanden wäre, geht an Anna-Maria und Maximilian Tenta.

ISBN 3 8068 7523 5

Umschlaggestaltung: Peter Udo Pinzer
Redaktion: Regine Felsch, Hünstetten
Gestaltung und Herstellung: Peter Beckhaus, Mainz; Petra Becker
Titelbild: Georg Drexel, Krumbach
Fotos: Georg Drexel, Krumbach

Die Ratschläge in diesem Buch sind von den Autoren und vom Verlag sorgfältig erwogen und geprüft, dennoch kann eine Garantie nicht übernommen werden. Eine Haftung der Autoren bzw. des Verlags und seiner Beauftragten für Personen-, Sach- und Vermögensschäden ist ausgeschlossen.

Gesamtkonzeption: FALKEN Verlag, D-65527 Niedernhausen/Ts.

817 2635 4453 6271